Die schönsten Touren

Leichte Wanderungen

Bayerischer Wald

50 Touren zwischen Furth im Wald und Passau

J. BERG

Inhalt

Arberland

Nationalpark und der Süden

Vorwald und Donaukamm

Tourenüberblick

Tour			km								
1	●	Hammerweiher	6,9	11/11	02:00	•	•			•	•
2	●	Pfaffenstein	10,9	183/183	03:00	•		•			
3	●	Perlsee	3,9	29/29	01:15	•	•	•	•	•	•
4	●	Notarsteig	4,5	113/113	01:30		•				•
5	●	Am Gibacht	5,1	123/123	01:30	•	•	•			
6	●	Hammerschmiedeweg	8,6	163/163	02:45	•		•			•
7	●	Drachensee	9,6	99/99	03:00	•	•	•	•	•	•
8	●	Haidstein	5,5	205/205	01:45	•	•	•			•
9	●	Bad Kötzting/ Blaibacher Stausee	7,1	90/90	02:00	•		•			•
10	●	Zwieseleck	7,1	343/343	02:30						•
11	●	Wallfahrtskirche Mariahilf	4	249/249	01:30	•	•	•			•
12	●	Kötztinger Hütte	3,4	204/204	01:30	•	•	•	•		
13	●	Großer Riedelstein	5	272/272	02:30	•	•	•			•
14	●	Spitzwaldstein	2,6	56/56	01:00	•	•				
15	●	Hochstein	2,7	112/112	01:15	•	•		•		
16	●	Am Regen	5,3	62/62	01:30		•				•
17	●	Kleiner Arbersee	4,3	69/69	01:30	•	•				•
18	●	Arberplateau	1,9	82/82	00:45	•	•	•			•
19	●	Großer Arbersee	1,7	12/12	00:30	•	•	•			•
20	●	Rieslochfälle	7,9	104/104	02:30		•		•		•
21	●	Rabensteigrunde	3,7	90/90	01:15		•				•
22	●	Großer Regen	9	30/124	02:30	•	•				•
23	●	Stockauwiesen	8,8	204/193	03:00			•			•
24	●	Schwellhäuslrundweg	8,4	273/273	02:45	•			•		•
25	●	Schwellhäusl	4,5	70/70	01:30	•	•	•			•

Tour											
26	●	Ruine Weißenstein	3,8	100/100	01:15		●	●			●
27	●	Großer Rachel	6,5	491/491	02:45	●			●		●
28	●	Klosterfilz/Großer Filz	11,6	80/80	03:30			●			●
29	●	Lusenschutzhaus	4,5	265/265	01:30	●	●		●		●
30	●	Siebensteinkopf	4,3	157/157	02:00			●			●
31	●	Zum Wackelstein	5	148/148	01:45		●	●			
32	●	Ilztal bei Fürsteneck	7	138/138	02:15	●	●				
33	●	Diebstein	5,7	170/170	02:00					●	
34	●	Naturerlebnis Saußbachklamm	5,7	100/100	01:45	●	●		●		●
35	●	Aussichtsturm Haidel	4	153/153	01:30		●	●			
36	●	Dreisesselberg	3,3	105/105	01:15	●	●	●	●		
37	●	Tal des Höllbachs	7,4	140/140	02:30	●			●		●
38	●	Naturschutzgebiet »Hölle«	4	76/76	01:30		●				
39	●	Kobelberg	4,1	44/44	01:15	●	●		●		
40	●	Schlossbergrunde	3,4	105/105	01:30	●	●	●	●		●
41	●	Vilsmoos	8,6	87/87	02:45	●			●		
42	●	Hadriwa	6,1	205/205	02:45	●			●		
43	●	Pröller	6,4	202/202	02:00	●	●				
44	●	Nagelsteiner Wasserfälle	5	166/166	01:30		●				
45	●	Hirschenstein	5,6	202/202	01:45		●	●			
46	●	Lallinger Steinbruchweg	8	155/155	02:00	●		●			●
47	●	Büchelstein	5	237/237	01:45	●	●	●			
48	●	Brotjacklriegel	4	188/188	01:30	●	●	●			
49	●	Halser Ilzschleife	4,3	90/90	01:15	●	●	●	●		●
50	●	Erlautal	11	260/260	03:45	●		●			●

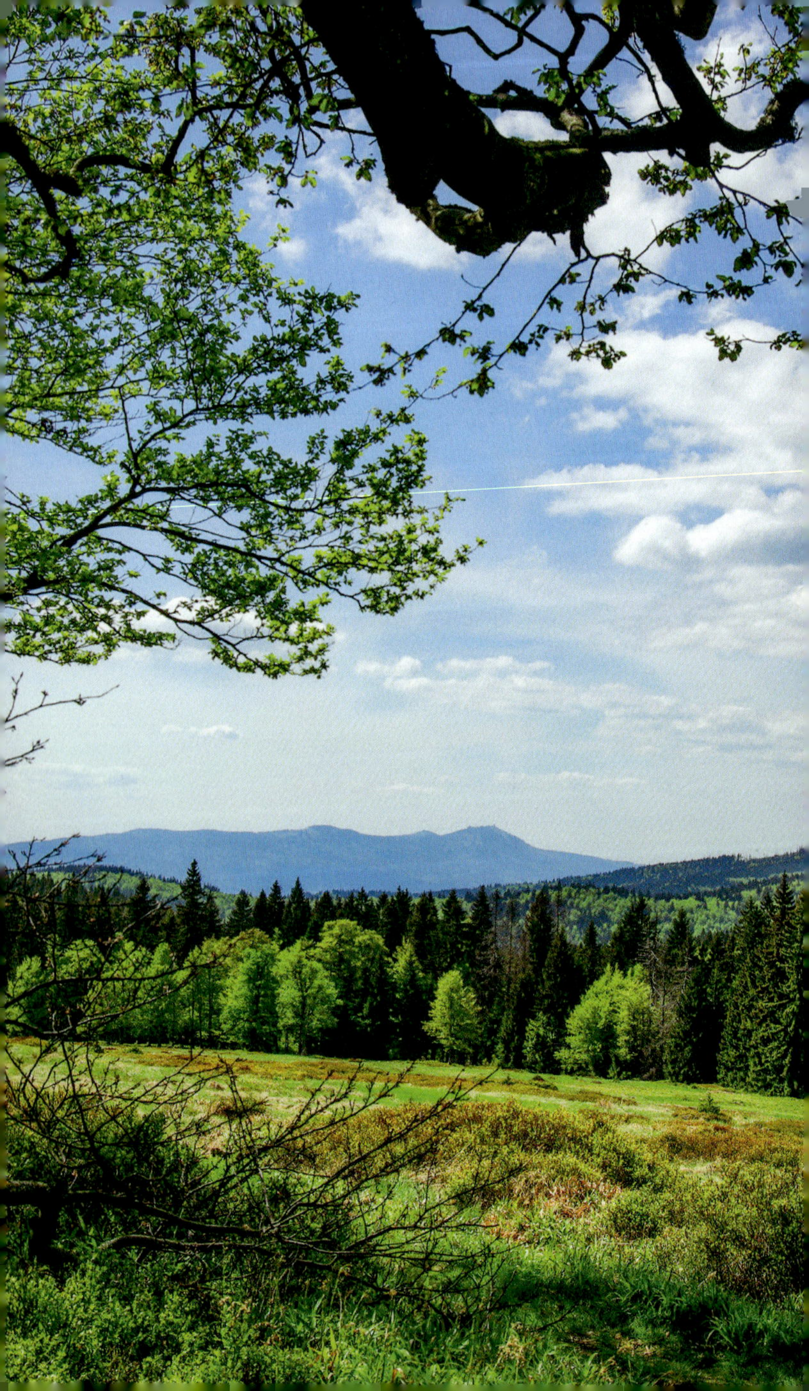

Leichte Wanderungen unter dem »Grünen Dach Europas«

»Ein Dreivierteljahr Winter, ein Vierteljahr kalt …«, so beschreibt eine alte Redensart das raue Klima des Bayerischen Waldes. Berühmtberüchtigt ist der steife Ostwind, der »Böhm«, der das Mittelgebirge in seinen eisigen Griff nimmt und an exponierten Stellen Bäume in bizarre Eisfiguren verwandelt. Doch das ist nicht einmal die halbe Wahrheit. Vielmehr bilden Bayerischer und Böhmischer Wald das größte zusammenhängende Waldgebiet Mitteleuropas und so hat sich die Region den Beinamen »Grünes Dach Europas« verdient. Und tatsächlich begrüßt uns der Mai bis in die hohen Lagen mit feinstem Blattgrün und auch der Herbst reicht golden weit in den November. Wer Schnee und Eis nicht scheut, für den finden sich Wanderziele in allen Jahreszeiten. Richtiger ist, dass »da Woid« all jene in seinen Bann zieht, die Naturnähe, Ruhe und Aussicht suchen. Und schön ist, dass »da Woid« Ausflugsziele bereithält, bei denen alle Wander- und Naturfreunde auf ihre Kosten kommen. Mit dem Goldsteig und seinen Zuwegen bietet er einen prämierten Fernwanderweg. Der Nationalpark lehrt uns den nachhaltigen Umgang mit dem Wald und seinen Bewohnern. Burgruinen und verfallene Dörfer, sogenannte »Wüstungen«, zeugen von der Jahrhunderte alten Geschichte. Vielerorts begegnen uns künstliche Kanäle und Stauweiher. Diese

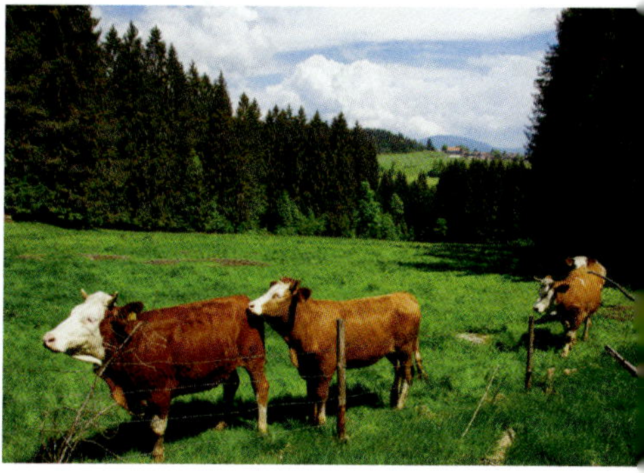

Endlich raus aus dem Stall!

Linke Seite: Über dem »Grünen Dach« erhebt sich der Große Arber.

Schwemmkanäle und Klausen waren gleichermaßen Herz und Blutbahnen, als mit der beginnenden Industrialisierung der Energielieferant Holz aus den Bergwäldern ins Tal transportiert werden musste.

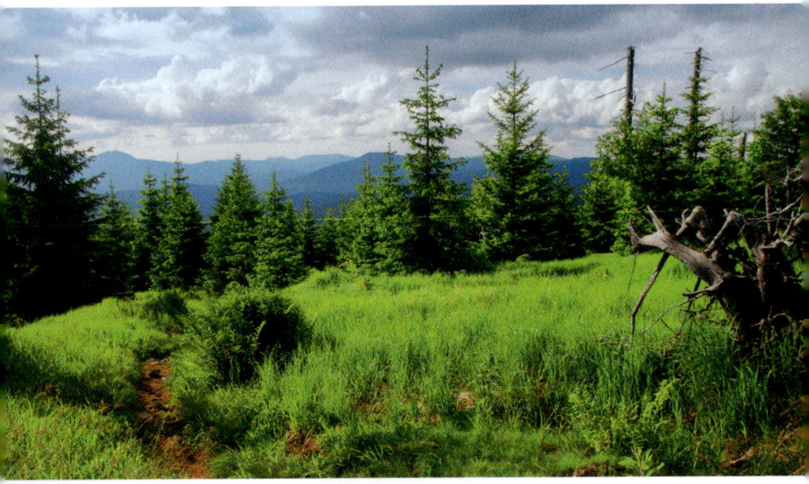

Natur pur im Nationalpark

Nicht zuletzt die regionale Glasindustrie mit Zentren rund um den Gibacht oder Arber war auf die Versorgung angewiesen. Der »Gläserne Steig«, ein weiterer Fernwanderweg, erinnert an diese Geschichte. Bleibt natürlich noch das Netz aus Hütten und Einkehrmöglichkeiten, wo bayerische und böhmische Schmankerl serviert werden, und uns das Wandererlebnis noch versüßen. »Da Woid« empfängt uns mit offenen Armen und hält alles bereit, was zu einem erfrischenden und erlebnisreichen Wanderausflug gehört.

Die Region

In drei Wellen erhebt sich der Bayerische Wald von der Donauebene bis zum Grenzkamm. Dazwischen liegen mit dem Zellertal und dem Lamer Winkel ideale Ausgangspunkte für Wanderfreunde. Gleiches gilt für den Oberen Bayerischen Wald im Norden, wo jenseits des Cham-Further-Beckens der Gibacht den Übergang in den Oberpfälzer Wald bildet. Süd-

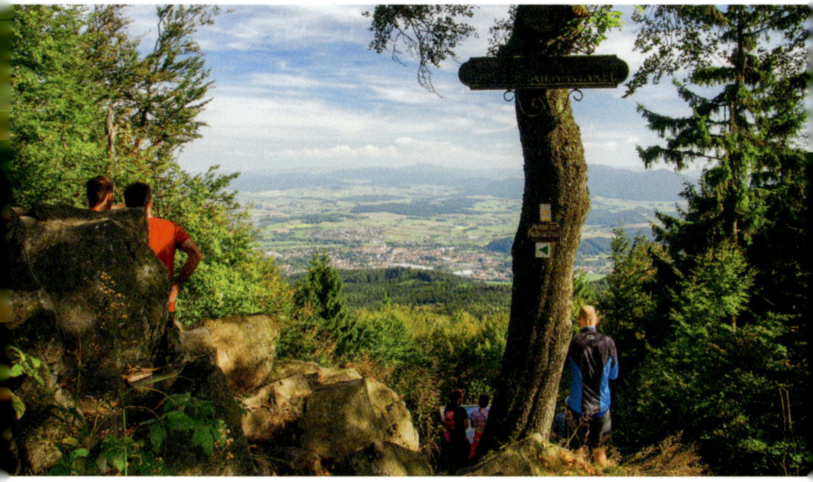

Hoch über dem Cham-Further-Becken

lich des Arberlandes schließt sich das »Grüne Dach« des Nationalparks an, welches erst kurz vor dem deutsch-österreichisch-tschechischen Dreiländereck am Dreisessel endet. Von dort zieht sich die beinahe toskanisch wirkende zarte Hügellandschaft des Passauer Landes bis hin zur Donau, wo sich der Donaukamm erhebt und entlang des Stroms nach Norden bis Regensburg zieht. Bis zu siebenhundert Meter erheben sich die höchsten Gipfel über Donau und Gäuboden. Brotjacklriegel oder Hirschenstein machen schon von weitem auf sich und das Mittelgebirge in ihrem Rücken aufmerksam. Die Touren sind über die gesamte Region verteilt und geben Einblick in den Charakter und in Typisches der einzelnen Landstriche. Und unter uns: Auf das Hochgebirge müssen wir auch hier nicht verzichten. Vielerorts und bei gutem Wetter scheinen die Alpen vom Salzkammergut bis in den Chiemgau zum Greifen nahe. Doch wenn dort noch die Skifahrer die Pisten bevölkern, können wir hier schon unter frischgrünem Blätterdach zu ersten Wanderungen aufbrechen.

Die Wege

Es mag erstaunen, dass die prominentesten, höchsten und über die Grenzen bekannten Ziele wie Lusen, der Große Rachel oder der höchste von allen, der Große Arber, Eingang in die vorliegende Tourensammlung gefunden haben. Das Mittelgebirge hält auch für sie einfache Wege bereit – wenngleich wir für das Gipfelerlebnis auf dem Großen Arber die Umlaufbahn zu Hilfe nehmen. Die ausgewählten Wanderrouten zeigen all die schönen Seiten des Bayerischen Waldes und gleichzeitig sind es Wege, die Einsteiger und Genusswanderer einfach ans Ziel bringen. Wir laufen überwiegend auf einfachen Schotter-, Wald- und Feldwegen. Ab und an begegnen wir auf Waldwegen dem für den Bayerischen Wald so typischen Granit. Dann geht es über felsige Tritte und über Wurzeln, wofür ein Mindestmaß an Trittsicherheit genügt. Bei Nässe ist sowieso immer Vorsicht geboten, aber technisch herausfordernd wird es nicht. Gleiches gilt für die Länge der Wanderungen, doch dieses Maß wird erst aussagekräftig, wenn die überwundene Höhe dazukommt. So sind die Wanderungen in der Mehrheit nicht zu lang und nicht zu hoch, also auch für nicht sonderlich konditionsstarke und wenig gehgewohnte Naturfreunde geeignet, allen voran die Seeumrundungen. Eine Handvoll Ziele ist etwas anspruchsvoller und deshalb in dieser Sammlung als mittelschwer eingeordnet. PS: Der Wald im Bayerischen Wald ist nicht nur Naherholungsgebiet und Rückzug für Mensch und Tier, er ist auch heute noch wichtiger Wirtschaftsfaktor. Egal ob von den Waldbauern oder den Bayerischen Staatsforsten bewirtschaftet, es kann sein, dass bei Waldarbeiten oder der Holzernte Wege zeitlich begrenzt gesperrt sind. Dies sollte man bei der Planung im Hinterkopf behalten.

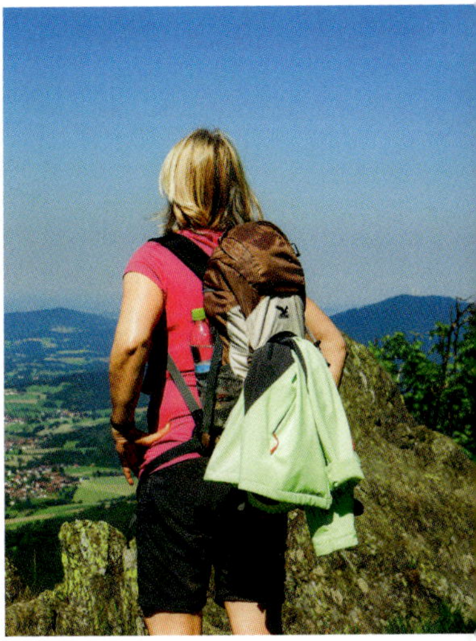

Horizont ohne Ende

Die Anfahrt

Der Bayerische Wald ist mit der Bahn erschlossen, ebenso mit einem Netz an Buslinien. Viele der Ausgangspunkte unserer Wanderungen sind mit öffentlichen Verkehrsmitteln zu erreichen. Die überregionale Anfahrt für Tagesausflüge ist möglich, aber nur bei den Touren zu empfehlen, die an Hauptverkehrsadern liegen. Abgelegene Orte werden vielleicht mit dem Bus angefahren, aber häufig nur in einer Schulbustaktung. Besser also, man ist vor Ort, dann ist übrigens oftmals der Fahrpreis bei Übernachtung in der Gästekarte enthalten. Anders sieht es im Nationalpark aus. Dort ist die Zufahrt sowieso zum Teil auf bestimmte Zeitfenster im Tagesverlauf beschränkt, was aber nicht stört. Die Igelbusse verkehren in der Saison in einer Regelmäßigkeit, dass auf das Auto gut verzichtet werden kann. Fehlt noch eine letzte Möglichkeit: das Rad. In den letzten Jahren hat das Fahrrad, insbesondere das E-Bike, einen großen Aufschwung in der Region genommen. Anfahrten werden deutlich verkürzt und die E-Motor-Unterstützung nimmt auch die Angst vor einer konditionellen Überforderung. Hotels und Übernachtungsbetriebe sowie private E-Bike-Verleiher bieten Räder an. Warum also nicht mit dem Rad zum Ausgangspunkt fahren?

Die Ausrüstung und Verpflegung

Gerade in den Übergangsjahreszeiten müssen wir im Wechsel von schattseitigen und sonnigen Lagen oder Wald- und Feldpassagen mit spürbaren Temperaturunterschieden rechnen. Aufgrund der vergleichbar geringen absoluten Höhe sind im Unterschied zu den Alpen Temperaturunterschiede zwischen Berg und Tal meist zu vernachlässigen. Gleiches gilt für das Risiko plötzlicher Wetterumschwünge. Allerdings durchwandern wir oberhalb von 1100 Metern oftmals von Borkenkäfern und Windwurf rasierte Kammlagen. Sowohl dem Wind wie auch der Sonne sind wir dann ohne natürlichen Schutz ausgesetzt.
Ich empfehle Funktionsoberbekleidung. Sie ist leicht, transportiert Feuchtigkeit und trocknet schnell ab. Gleiches gilt für Jacken, die bei entsprechendem Wetterbericht oder gerade im Übergang im Rucksack sein sollten. Dann sind auch Handschuhe angeraten, ebenso eine Kopfbedeckung als Sonnen- oder Kälteschutz. Auch wenn wir auf einfachen Wegen unterwegs sind: Wanderschuhe mit rutschfester Sohle sind Pflicht. Ob sie knöchelhoch sein müssen oder Trekkinghalbschuhe reichen, diese Entscheidung möge jeder von der gewählten Wanderung, dem Wetter und seiner Erfahrung abhängig machen. Für die einfache Umrundung des Drachensees kann ein Wanderstiefel zu schwer sein. Für den mittelschweren Anstieg zum Siebensteinkopf ist er erste Wahl. Da bei keiner Tour eine Übernachtung vorgesehen ist, reicht ein leichter Tagesrucksack (Volumen ca. 28 bis 35 Liter). Darin sollten immer ein Verbands- oder Erste-Hilfe-Päckchen sein – und natürlich die Wanderkarte. In Zeiten der Smartphones und digitaler GPS-Geräte

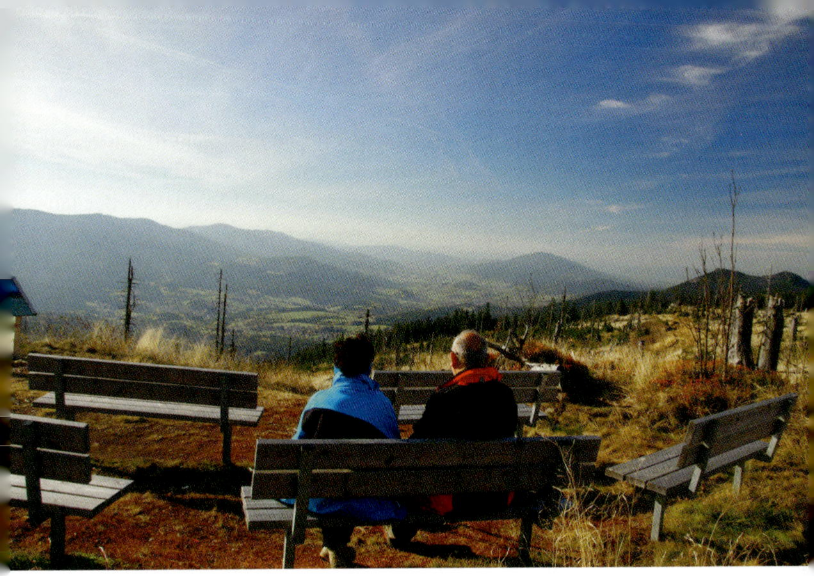

wird oft auf das klassische Kartenblatt verzichtet. Wir nehmen zur Sicherheit eine Karte mit. Im Bayerischen Wald besteht mancherorts keine sichere Netzabdeckung und auch in engen, schattseitigen Waldhängen tun sich GPS-Geräte mitunter schwer, den Satelliten zu finden. Neben Sonnenschutz, im Bayerischen Wald ganz wichtig, sollte auch der Zeckenschutz fester Bestandteil der Tourenvorbereitung und somit im Rucksack sein. Vielleicht passt auch noch ein leichtes, faltbares Sitzkissen aus dem Camping- oder Outdoorbedarf hinein. Bei längeren Pausen auf einem kühlnassen Stein oder einem Baumstamm leistet es gute Dienste. Bleibt noch ein Wort zur Verpflegung: Bei einigen Wanderrouten liegen bewirtschaftete Hütten oder andere Einkehrmöglichkeiten am Weg. Angeboten werden regionale Gerichte und Brotzeiten und in der Regel finden auch Vegetarier immer eine gute Auswahl. Regional bedeutet oftmals auch Kostproben der böhmischen Küche, wie etwa böhmische Knödel oder die Kolatsche, ein runder Kuchen mit Mohn-, Quark oder Pflaumenmusfüllung. Die Hütten

Im »Naturkino« wird gezeigt: der Lamer Winkel

sind bis auf wenige Ausnahmen Tagesbetriebe. Sie öffnen am frühen Vormittag und schließen abends. Die saisonalen Öffnungszeiten hängen von der Jahreszeit und den Wetterbedingungen ab. In der Kernzeit der Wandersaison von Mai bis Oktober ist aber eine Versorgung in der Regel gewährleistet.

Die Tourenplanung

Diese Informationen geben uns einen allgemeinen Überblick. Für die konkrete Tourenvorbereitung müssen wir die nötigen Informationen aktuell einholen. Sei es Wetter, Anfahrt oder Hüttenöffnung. Aufgrund der Corona-Pandemie kann es zu zeitlich begrenzten Schließungen oder Änderung der Öffnungszeiten kommen. Ein Grund mehr, vor der Tour direkt bei der Einkehrmöglichkeit nachzufragen. Die Nationalparkverwaltung gibt einen Wegezustandsbericht für den Nationalpark heraus. Außerdem sind bei jeder Tour die Adressen der entsprechenden Tourismusbüros hinterlegt. Oft hilft ein Anruf beim Hüttenwirt und auch die Gastgeber geben Auskunft. Am besten legen wir uns eine Checkliste an, anhand derer wir Vollständigkeit von Kleidung, Proviant und Rucksackinhalt überprüfen. Und bevor es dann losgeht, hinterlegen wir in der Unterkunft unser Wanderziel, damit im Falle des Falles schnell geholfen werden kann. Die Bayerischen Staatsforsten haben ein Netz an Rettungspunkten angelegt, und die Bergwacht steht auch im Bayerischen Wald parat, doch ist nicht immer gewährleistet, dass ein telefonischer Notruf (Bergwacht/Notruf: 112) auch gehört wird, weil die Netzverbindung fehlt.

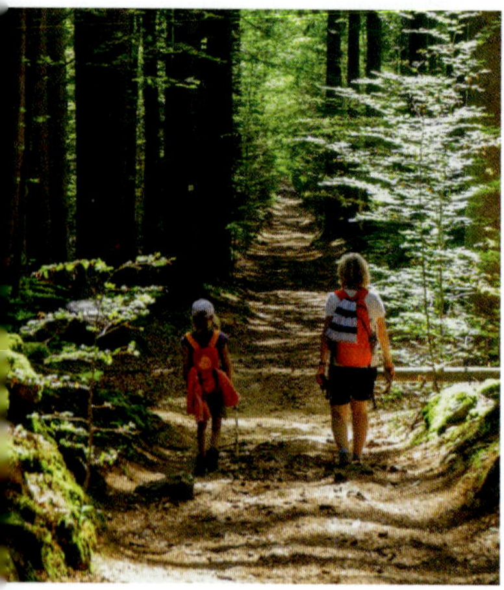

Einfache Waldwege für Groß und Klein

Für einen ersten, allgemeinen Einstieg und zur Vorbereitung von zuhause helfen die nachstehenden Adressen:

- www.bahn.de
- www.laenderbahn.de
- www.ostbayernbus.de
- www.bayerwald-ticket.com
- www.ebike-bayerwald.de
- www.nationalpark-bayerischer-wald.bayern.de
- www.baysf.de
- www.naturpark-bayer-wald.de
- www.arberland-bayerischer-wald.de
- www.passauer-land.de

Der Haftungsausschluss

Ich bin vor Erscheinen des Buches alle Wege nochmals gegangen. Beschreibung und Klassifizierung habe ich nach bestem Wissen und Gewissen vorgenommen. Trotzdem birgt der Wald seine Gefahren: herabfallende Äste, Sturmschäden, Waldarbeiten, Einwirkungen des aktuellen Wetters auf die Wegebeschaffenheit. Im Falle wird mit Warnschildern, etwa einem Durchgangsverbot bei Waldarbeiten, hingewiesen. Zu diesen sich wechselnden äußeren Umständen gesellt sich die richtige und der Wanderung angemessene Einschätzung des eigenen Leistungsvermögens. Ich hoffe, Ihnen mit dem Buch eine Anregung für die Tourenauswahl und Hilfestellung bei der Tourenplanung geben zu können. Dennoch erfolgt das Begehen der Wanderrouten auf eigenes Risiko.

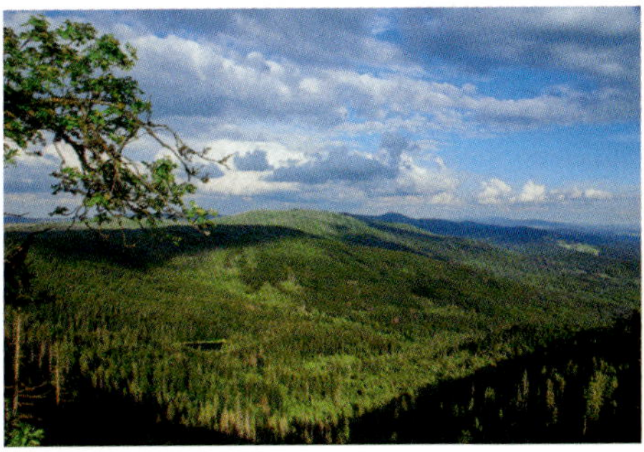

Der Rachelsee, Insel im Waldmeer

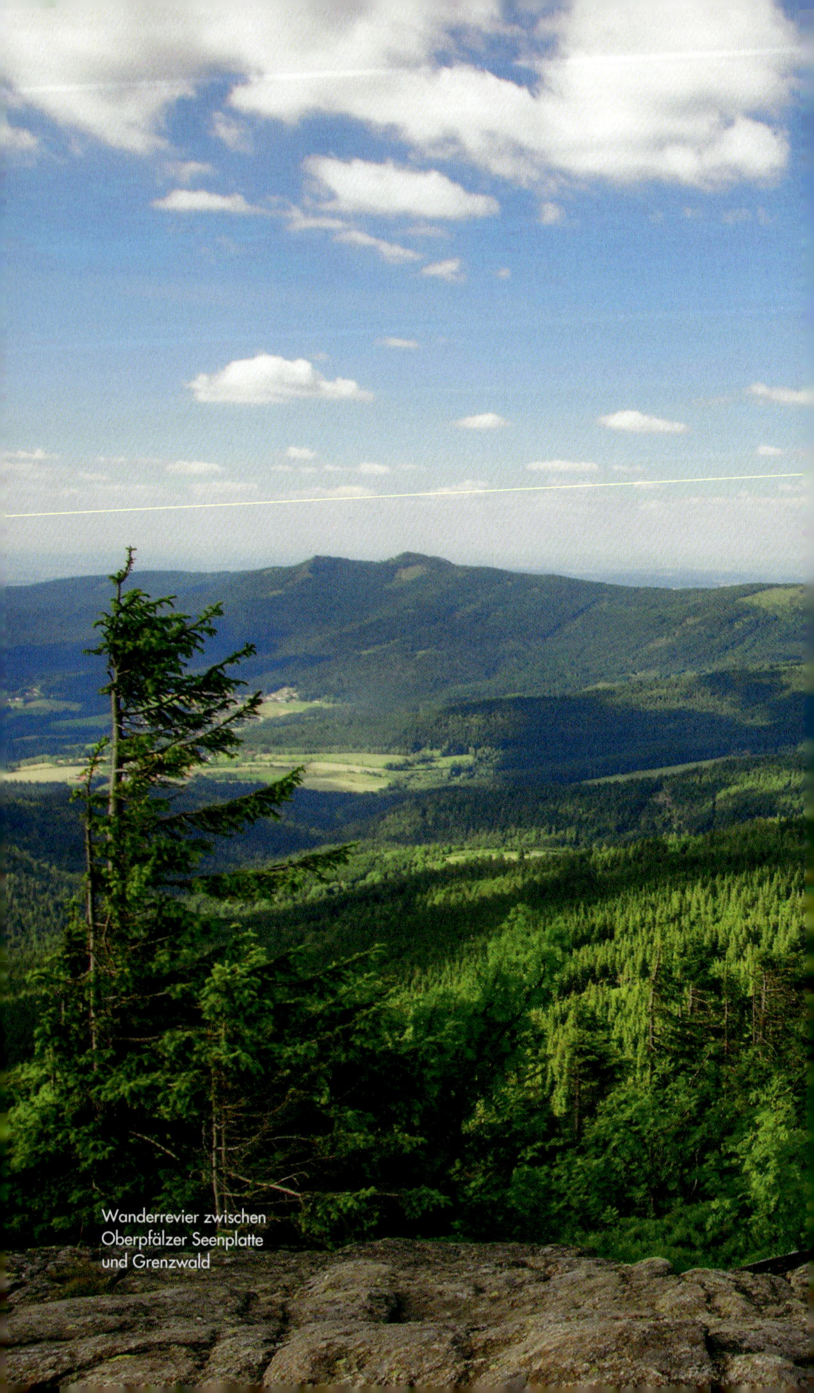

Wanderrevier zwischen
Oberpfälzer Seenplatte
und Grenzwald

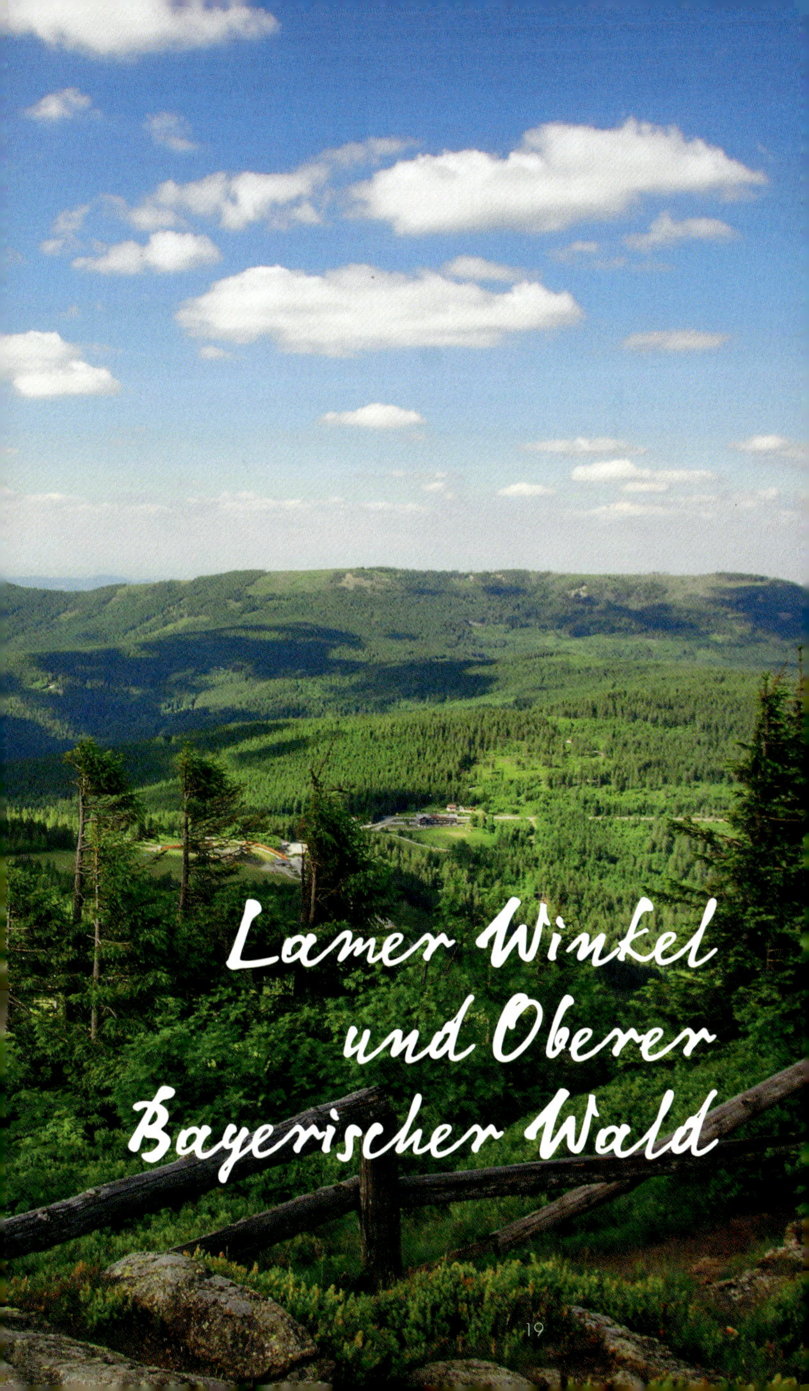

Lamer Winkel und Oberer Bayerischer Wald

1 Rund um den Hammerweiher

Zwischen Freizeitidyll und Naturoase

leicht | 6,9 km | 11 Hm | 2 Std.

Tourencharakter: Abwechslungsreiche Rundwanderung auf einfachen, schattigen Wegen (Bademöglichkeit).

Ausgangspunkt/Endpunkt: Bahnhof Blechhammer

Höchster Punkt: Blechhammer (378 m)

Anfahrt: Auto: A93 Ausfahrt Schwandorf-Mitte und auf der B85 Richtung Cham bis Bodenwöhr (Parkmöglichkeit in Blechhammer am Bahnhof und am Ende der Eichendorffstraße). Bus & Bahn: Mit dem Zug Richtung Furth im Wald bis Bahnhof Blechhammer.

Einkehr: Brauereigasthof Jacob, Ludwigsheide 2, 92439 Bodenwöhr, Mo–So 7–23 Uhr, 09434/94 10 41; in der Badesaison Kiosk am Badeplatz

Karte: Kompass, Bayerischer Wald, 1:50 000, Nr. 198, Karte 1

Informationen: Touristinfo Bodenwöhr, Schwandorferstraße 20, 92439 Bodenwöhr, 09434/90 22 73, tourismus@bodenwoehr.de, www.bodenwoehr.de

Das Oberpfälzer Seenland ist Anziehungspunkt für Naturliebhaber und Wassersportler. Am Rande des Naturschutzgebiets der Postloher Waldweiher verbindet der Hammerweiher das Beste aus beiden Welten: ruhige Wälder im Norden, Wasserspaß am Südufer.

Vom Bahnhof Blechhammer folgen wir der Bahnhofstraße Richtung Landstraße, die Bodenwöhr mit Neunburg vorm Wald verbindet. Dort biegen wir rechts Richtung See ab. Kurz davor biegen wir erneut rechts in den schmalen Pfad am Nordufer. Im Gänsemarsch geht es eng am Wasser zwischen Schilf und dem Zaun des Campingplatzes entlang, ehe wir den Wald und mit ihm einen breiten und ebenen Weg erreichen. Wir folgen der Markierung Bo02 (Bodenwöhrrundweg) immer geradeaus bis zur Bahntrasse. Achtung beim Überschreiten des Gleises! Der dichte Wald, der den Schlossberg (391 m) überzieht, reicht

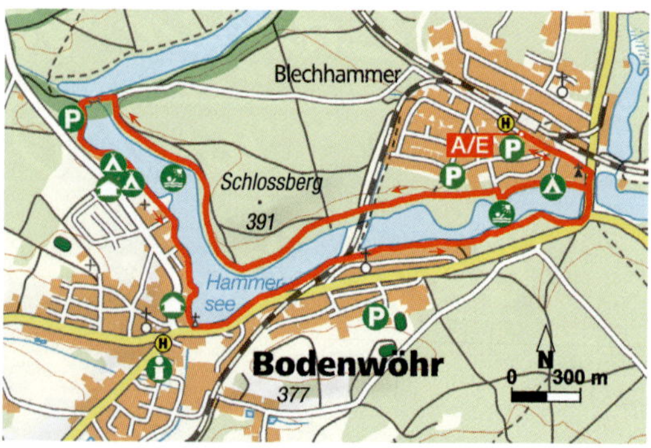

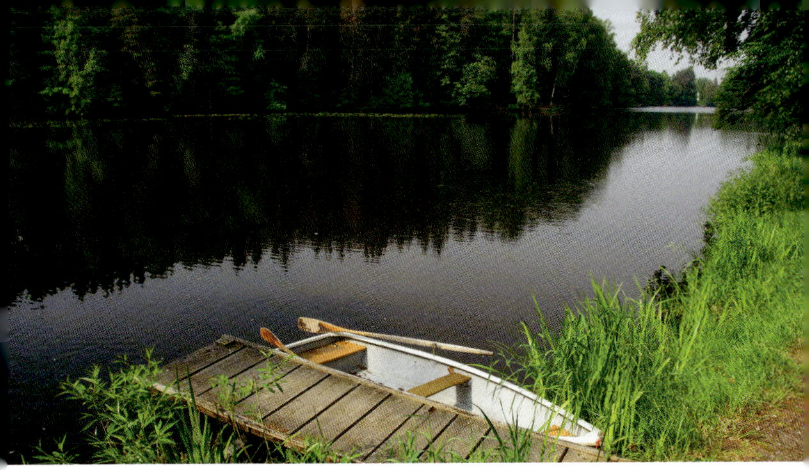

bis ans Ufer. Schließlich biegt der Weg nach rechts, und zur Linken lichten sich die Äste und geben an einem Rastplatz den Blick nach Bodenwöhr auf der anderen Seeseite frei. Prominent steht dort drüben der Brauereigasthof, Einkehrmöglichkeit in der zweiten Hälfte der Rundwanderung. Wir steuern nun auf den Weichselbrunnerweiher zu, der den Umkehrpunkt unserer Wanderung markiert. Dort biegen wir an der Gabelung links, laufen über den Damm, der Hammer- und Weichselbrunnerweiher voneinander trennt und biegen gleich wieder nach links. Ein paar Bänke laden nochmals zur Rast ein, und weiter geht es Richtung Campingplatz. Ab hier begleiten uns aus feinem Mosaik gefertigte Objekte bis zum Badeplatz, wo es zur Linken über Wiesen zum Strand und rechts zum Kiosk geht. Schließlich erreichen wir den Gasthof, der mit seiner Seeterrasse zur Einkehr einlädt. Dem Ufer folgend geht es dann zurück nach Blechhammer. Die letzten Meter gehören wieder der Ruhe des Waldes.

Wie gemalt …

Oberpfälzer Seenland

Bootfahren, Baden, Tauchen: Das Oberpfälzer Seenland zeigt entlang des Regen aber auch wildromantische Flusslandschaften. Für Gourmets hält die Region insbesondere allerlei Fischgerichte in zahlreichen Landgasthöfen bereit. Wer das Außergewöhnliche sucht, wird im »Eisvogel« bei Sternekoch Hubert Oberndorfer fündig (www.landhotel-birkenhof.de).

2 Auf den Pfaffenstein

Naturdenkmal über dem Regen

leicht | 10,9 km | 183 Hm | 3 Std.

Tourencharakter: Für gehgewohnte Wanderer eine einfache Tour zu einem außergewöhnlichen Naturdenkmal auf dem Pfaffenstein.

Ausgangspunkt/Endpunkt: Walderbach

Höchster Punkt: Pfaffenstein (519 m)

Anfahrt: Auto: B16 bis Nittenau und weiter nach Walderbach oder auf der A93 bis Ausfahrt Schwandorf-Süd und über Nittenau nach Walderbach. Bus & Bahn: Keine Anfahrt.

Einkehr: Gasthof Hotel Rückerl, Am Prälatengarten 2–4, 93194 Walderbach

Karte: Kompass, Bayerischer Wald, 1:50 000, Nr. 198, Karte 1

Informationen: Gemeinde Walderbach, Franz-Xaver-Witt-Straße 2, 93194 Walderbach, 09464/940 50, poststelle@walderbach.de, www.cham-roding-urlaub.de

In vielen Jahrtausenden haben die Naturgewalten den Granitfelsen am Pfaffenstein zu meterhohen Kugeln geschliffen. Von dichten Heidelbeersträuchern umgeben, balancieren sie übereinander scheinbar gegen die Schwerkraft.

Vom Rathaus kommend, laufen wir die Hauptstraße nach Osten und biegen nach 400 Metern in die Katzenrohrbacherstraße, die uns hinunter zur Regenbrücke führt. An der Haselmühle auf der anderen Uferseite geht es noch vorbei, doch 150 Meter weiter

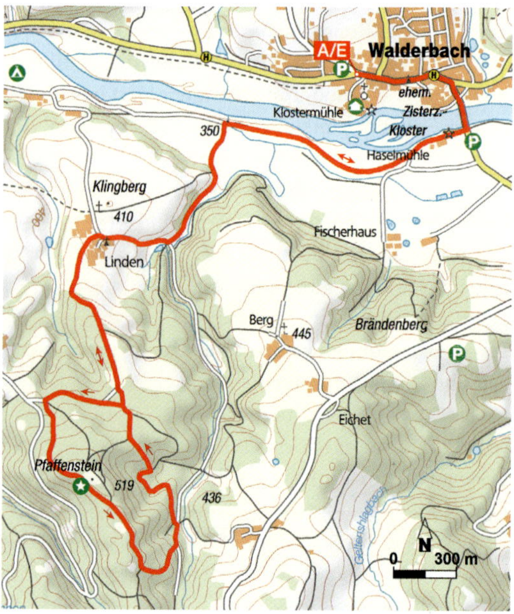

biegt der Lindnerweg (Wb03) rechts in die schmale Flurstraße, der wir im Verlauf des Regen folgen. Rechts grüßt die ehemalige Abtei der Zisterzienser, in deren Mauern heute das Museum des Landkreises Cham untergebracht ist. Und nicht nur das: Bei gutem Wetter markieren die Sonnenschirme auf der Terrasse des Gasthauses Rückerl die Einkehr am Ende der Wanderung. Nach eineinhalb Kilometern am Flussufer entlang biegen wir an der Gabelung nach links und beginnen den gemütlichen Aufstieg aus dem Tal hinauf zum Weiler Linden. Etwa in seiner Mitte zweigt nach links ein Schotterweg ab. Zuerst kreuzen wir ein weites Feld, um schließlich an den Bergwald zu gelangen, der den Pfaffenstein überzieht. Ein letzter Blick über das Regental nach Nordosten, ehe wir schließlich rechts in den Pfaffensteiner Rundwanderweg (Re05) einbiegen. Entgegen dem Uhrzeigersinn führt uns der Weg zunächst wieder an den Waldrand. Hier lädt eine Bank zu einer kurzen Rast ein. Weiter geht es dann wieder im Wald bergauf. Vom Schotterweg zweigt ein feiner Waldweg ab. Erste Granitfelsen zwischen hohen Heidelbeersträuchern künden das Naturdenkmal an, das wir bald erreichen: riesige Granitkugeln balancieren beinahe baumhoch im Wald. Wer nicht herumsteigen mag, bewundert die Szenerie von einer Bank am Wegesrand. Wir folgen dem Rundweg bis zur Gabelung oberhalb von Linden und erreichen – wie gekommen – bald wieder Walderbach.

Kraftort zwischen mächtigen Steinkugeln

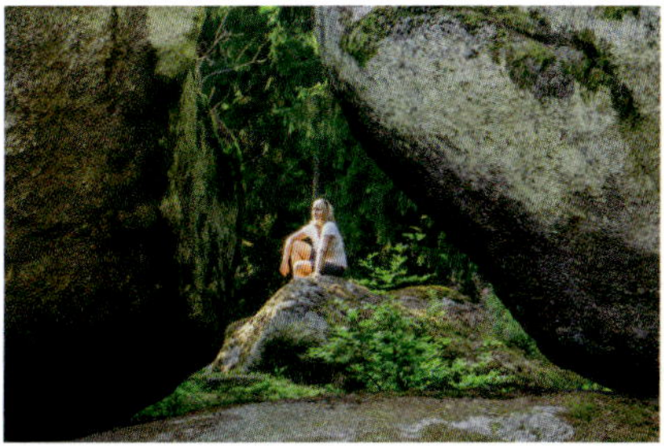

Zisterzienserkloster

Das frisch renovierte, ehemalige Zisterzienserkloster von Walderbach dominiert schon von weitem das Ortsbild. Heute ist das Chamer Landkreismuseum darin untergebracht. Im zweigeschossigen Festsaal finden regelmäßig Konzerte statt.

3 Rundweg um den Perlsee

Badesee inmitten eines blühenden Wiesentals

leicht | 3,9 km | 29 Hm | 1.15 Std.

Tourencharakter: Leichte Rundwanderung durch idyllische Wiesenlandschaft auf einfachen Wegen (stellenweise auf Bohlenstegen).

Ausgangspunkt/Endpunkt: Parkplatz am Ferienpark

Höchster Punkt: Ferienpark (507 m)

Anfahrt: Auto: B22 bis Schönthal und weiter nach Waldmünchen (Perlsee ist ausgeschildert). Bus & Bahn: Mit der Bahn nach Waldmünchen. Einstieg in den Rundweg am Staudamm (ab Bahnhof 1,5 km).

Einkehr: Perlseewirtschaft (Renovierung), Alte Ziegelhütte 4, 93449 Waldmünchen, 09972/90 25 64; Kiosk am alten Strandbad neben dem Campingplatz

Karte: Kompass, Bayerischer Wald, 1:50 000, Nr. 198, Karte 1

Informationen: Touristinfo Waldmünchen, Marktplatz 16, 93449 Waldmünchen, 09972/307 24, tourist@waldmuenchen.de, www.waldmuenchen.de

Er trägt seinen Namen zu Recht: Der Perlsee ist eine Perle – für Naturliebhaber und gleichermaßen für Wasserratten. Im blühenden Schwarzachtal gelegen, verspricht er an heißen Tagen kühle Erfrischung. Die weitläufigen Wiesen Richtung Grenze sind in der Blütezeit Belebung für Augen und Seele.

Den See zur Rechten folgen wir der Teerstraße ans Ende des Ferienparks, wo nach rechts das Hinweisschild »Perlsee – Rundwanderweg – Aussichtsbrücke« (Achtung: Markierung Wm2 bezieht sich auf die kleine wie die große Rundwanderung, vgl. Tipp) unseren Weg anzeigt. Der kurze, steile Abstieg ist mit ein paar Stufen ausgebaut und endet nach wenigen Schritten am Perlsee. Über die Spielwiese mit Sitzgelegenheiten gehen wir hinüber zur Aussichtsbrücke. Der überdachte Steg wird über wenige Stufen erklommen und bietet einen schönen Ausblick

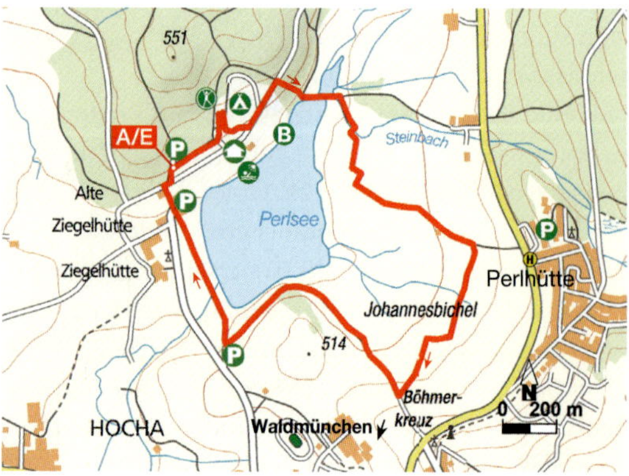

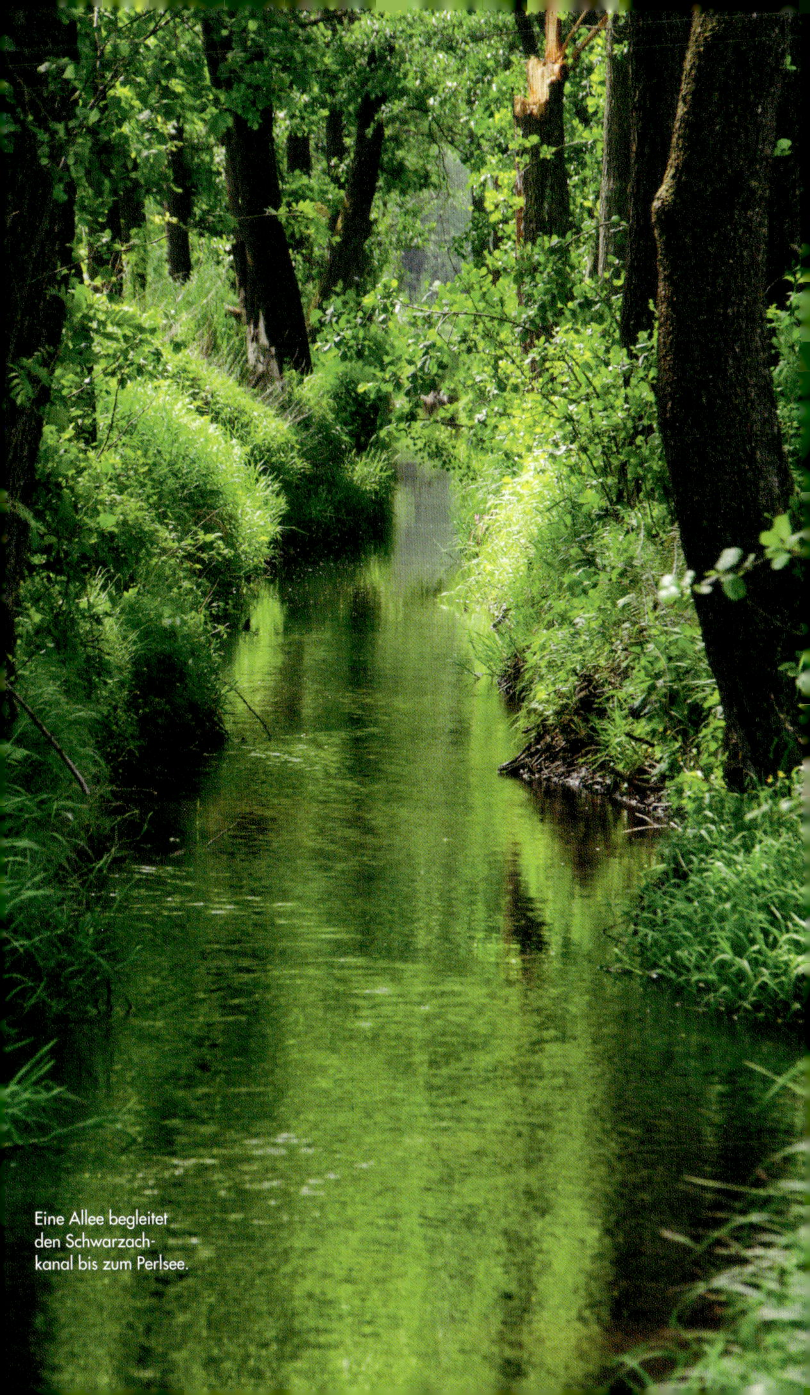

Eine Allee begleitet den Schwarzachkanal bis zum Perlsee.

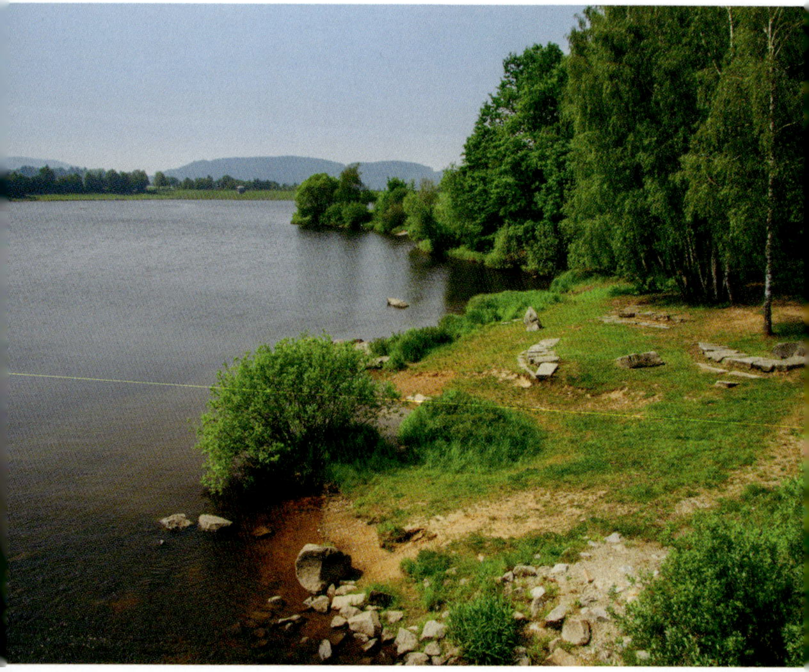

> **Abstecher**
>
> Wer mehr Zeit mitbringt, macht die große Runde um den Perlsee (Wm2), lässt den Abstieg zur Brücke rechts liegen und wandert auf der linken Seite das Schwarzachtal hinaus, bis – auf Höhe einer Infotafel – der Rundweg die schmale Teerstraße verlässt und wir auf Schotter zum Bach hinunterlaufen. Nach dem Holzsteg biegen wir rechts in den malerischen Wiesenweg, der stellenweise über Bohlen und entlang des Speisekanals an der Zachensäge in den kleinen Rundweg mündet.

auf den See. Besonders reizvoll ist der Blick zur anderen Seite, wo die Böhmische Schwarzach durch ein liebliches Wiesental mäandert, um schließlich, von hohem Gras umgarnt, im See zu münden. Dahinter schließt der nahe Böhmerwald den Ausblick ab. Über Stufen geht's hinunter auf einen Damm, über den der breite Schotterweg schließlich zu einer Gabelung führt, an der wir garadeaus weiterlaufen. Wer mag, macht zuvor einen kurzen Abstecher

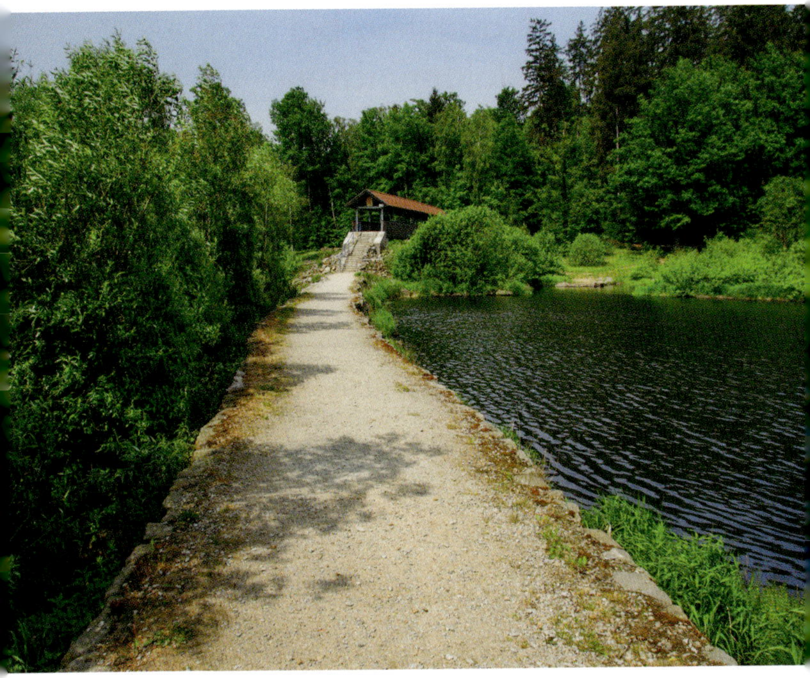

links zur Zachensäge. Gleich am Waldrand steht ein Wasserrad als Überrest eines ehemaligen Sägewerks. Vor über 150 Jahren wurde der Speisekanal angelegt, der heute wildromantisch durch eine Allee dichter Bäume plätschert. Mit der Fertigstellung des Perlsees wurde die Zachensäge rückgebaut. Wieder an der Gabelung laufen wir nach Süden und entfernen uns zunehmend vom See. Von ihm trennt uns bis zum Erreichen des Staudamms ein Rückzugsgebiet für Pflanzen und Tiere. Wenn wir endlich am Staudamm stehen, liegen See und die Höhen des Grenzgebirges malerisch vor uns. Am Ende des Damms biegen wir rechts und erreichen schließlich wieder den Parkplatz am Ferienpark.

Die Treppen zur Brücke sind die »steilste« Passage der Rundwanderung.

Linke Seite: Gunst der Vorsaison! Schon bald tummeln sich hier die Badegäste.

4 Notarsteig bei Waldmünchen

Auf den Spuren der Glasindustrie

leicht | 4,5 km | 113 Hm | 1.30 Std.

Tourencharakter: Schattiger Rundweg überwiegend auf Schotter, entlang des Steinbachs einfacher Waldweg.

Ausgangspunkt/Endpunkt: Parkplatz am Hagbügerl

Höchster Punkt: Kurz nach der Teufelsbrücke (650 m)

Anfahrt: Auto: A93 Ausfahrt Schwarzenfeld nach Rötz. Weiter auf der B22 bis Schönthal und Waldmünchen. Am Kreisverkehr auf der St2146 Richtung Grenze. In Perlhütte rechts der Arnsteiner Straße und wieder rechts der Forststraße bis zum Parkplatz folgen. Bus & Bahn: Mit der Bahn nach Waldmünchen und weiter mit dem Bus (Mi und Fr Haltestelle Perlhütte).

Einkehr: Keine am Weg.

Karte: Kompass, Bayerischer Wald, 1:50 000, Nr. 198, Karte 1

Informationen: Touristinfo Waldmünchen, Marktplatz 16, 93449 Waldmünchen, 09972/307 24, tourist@waldmuenchen.de, www.waldmuenchen.de

Immer wieder begegnen wir rund um den Gibacht den Spuren der Glasindustrie, die einst wichtigster Wirtschaftsfaktor der Region war. Der einfache Notarsteig führt unter dem dichten Blätterdach des Grenzkamms vorbei am alten Kohlenmeiler.

Wir starten am Wanderparkplatz am Hagbügerl und folgen dem Schotterweg, der alleeartig bergauf führt (Markierung Wm4 Notarsteig). Bereits nach 300 Metern erreichen wir eine weitläufige Gabelung, in deren Mitte eine gewaltige Buche mit Wegekreuz und Bank zum Verweilen einlädt. Hier endet später auch unser Rundweg. Wir halten zunächst aber geradeaus bergauf. Wenig später, der Schotterweg holt nach links aus, können wir diese Serpentine auf

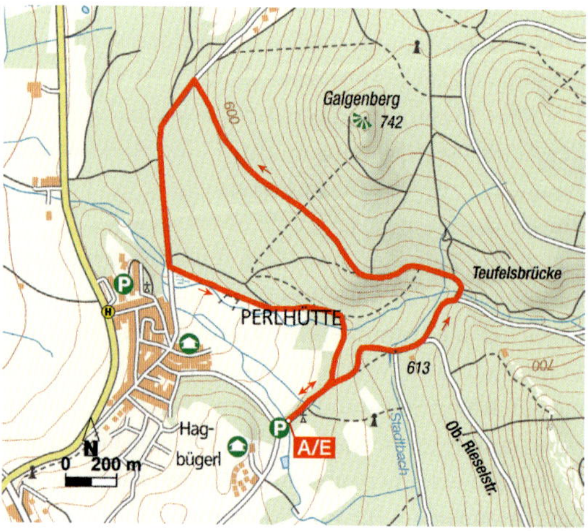

einem Pfad geradeaus abkürzen. Der Schotterweg passiert danach drei Abzweigungen nach rechts, die wir alle ignorieren. Eine davon führt hinein zum alten Kohlenmeiler, wo alljährlich im Sommer das alte Handwerk der Köhler auflebt. Schließlich erreichen wir die Teufelsbrücke. Neben dem Unterstand mit Rastbank sprudelt der Stadtbach über ein Wasserrad. Wir laufen hier links und folgen dem einfachen Schotterweg weiter bergauf. Der dichte Laubwald spendet auch an heißen Tagen Schatten. Nach eineinhalb Kilometern treffen wir auf die Verbindungsstraße von Perlhütte nach Arnstein. Wir folgen ihr nach links, wo nach wenigen 100 Metern der Steinbach am Waldrand plätschert. Wir biegen hier links ein. Die Infotafel zeigt alle Stichworte, die wir zur Orientierung brauchen: Kohlenmeiler, Hagbügerl, Notarsteig. Im gemütlichen Anstieg nehmen wir den schönsten Teil der Wanderung in Angriff. Der Waldweg führt am Bach entlang – im Herbst über ein Polster aus Laub. Mal ist der Weg mit bemoosten Granitsteinen befestigt, mal hat er sich tief in den Waldboden gegraben. So erreichen wir schließlich die eingangs erwähnte Gabelung, wo wir rechts zum Parkplatz hinunterlaufen.

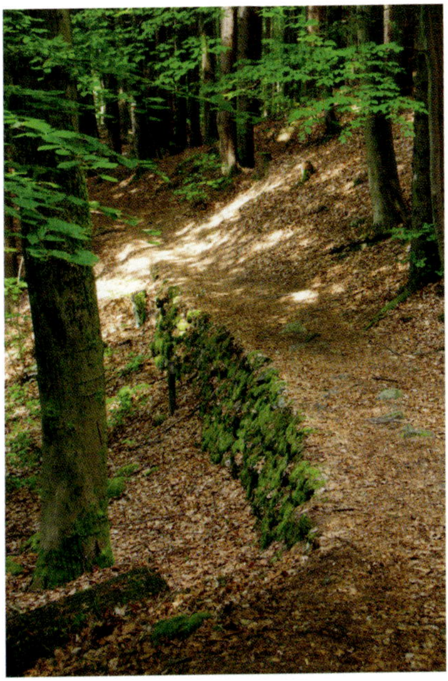

Oben: Herrlicher weicher Weg im Laubwald

Kohlenmeiler

Von altem Handwerk und rußigen Gesellen: Jeden Juli und August »brennt« der alte Kohlenmeiler. Holzkohle war einst wichtigster Energielieferant der Glasindustrie. Heute ist der Meiler eine Reminiszenz an das rußige Handwerk – und nur eine Viertelstunde vom Parkplatz am Hagbügerl entfernt, Anlass für einen gemütlichen »Hock« unter dem sommerlichen Blätterdach (siehe auch Tour 5).

5 Rundwanderweg am Gibacht

Geschichtsträchtig im Reich der Glasmacher

leicht | 5,1 km | 123 Hm | 1.30 Std.

Tourencharakter: Einfacher Rundweg ohne nennenswerte Anstiege. Festes Schuhwerk hilft über stellenweise steinige Pfade.

Ausgangspunkt/Endpunkt: Wanderparkplatz am Berggasthof Gibacht

Höchster Punkt: Kreuzfelsen (938 m)

Anfahrt: Auto: B22 nach Schönthal und auf St2400 nach Waldmünchen, von dort über Althütte zum Berghof Gibacht oder auf B20 nach Furth im Wald und weiter Richtung Waldmünchen. In Althütte rechts zum Berghof Gibacht. Bus & Bahn: Keine Anfahrt.

Einkehr: Berghof Gibacht »vorübergehend geschlossen«: Für den Berghof Gibacht wird ein neuer Pächter gesucht.

Karte: Kompass, Bayerischer Wald, 1:50 000, Nr. 198, Karte 1

Informationen: Touristinformation Waldmünchen, Marktplatz 16, 93449 Waldmünchen, 09972/307 24, tourist@waldmuenchen.de, www.waldmuenchen.de

Schmugglerweg, Pfennigfelsen oder Leuchtturm der Menschlichkeit. Der abwechslungsreiche Rundwanderweg hält viele Geschichten bereit – und bietet zudem unerwartete Weitblicke ins Herz des Bayerischen Waldes.

Einfach ja, aber festes Schuhwerk soll schon sein! Auch wenn die ersten Meter, den Berggasthof zur Rechten, über einen breiten Schotterweg nach Norden Richtung Wald führen (Markierung »Gibacht Rundwanderweg«). Bald zum Waldweg geworden, passieren wir den Pfennigfelsen schließlich auf einem schmalen Pfad. Wer mag, deponiert ein Münzopfer in einem Kästchen, um gesund wieder an diesen Ort

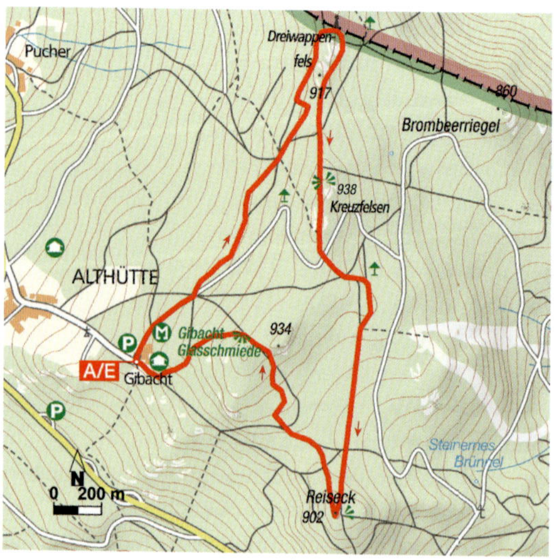

zurückzukehren. Über Stock und Stein nähern wir uns dann im dichten Wald der Grenze am Dreiwappenfelsen, so wie es einst auch die Schmuggler taten. Anders als diese kehren wir der Grenze auf Höhe des Unterstandes den Rücken und folgen der Markierung zum Kreuzfelsen. Der Felsblock inmitten einer großen Lichtung bietet Ausblick nach Nordosten über die tschechische Grenze und ins Čerchov-Gebiet. Zum Gipfelkreuz führt ein kurzes, gesichertes Felsenband. Schwindelfreiheit ist nicht nötig, aber trittsicher sollte man für den Abstecher schon sein. Der Pfad schleicht zunächst durch Heidelbeerstauden, um schließlich in einen breiten Waldweg zu münden, der in gemütlicher Steigung zum Reiseck führt. Das gläserne Kreuz auf dem Felsenhaufen erinnert an die Jahrhunderte alte Glastradition der Region und belohnt mit einem herrlichen Weitblick in den Lamer Winkel. Die letzte Etappe vor dem Berggasthof ist dann der Leuchtturm der Menschlichkeit. In ihm wurden circa 10 Tonnen Steine aus verschiedenen Regionen und Ländern der Welt verbaut. Der Leuchtturm dient als hoffnungsvolles Symbol der Aussöhnung zwischen Völkern und Religionen. Der herrliche Ausblick über die Oberpfälzer Hügellandschaft schließt den Rundweg ab.

Glaskunst oder Schmankerl? Gibt es alles im Berghof Gibacht.

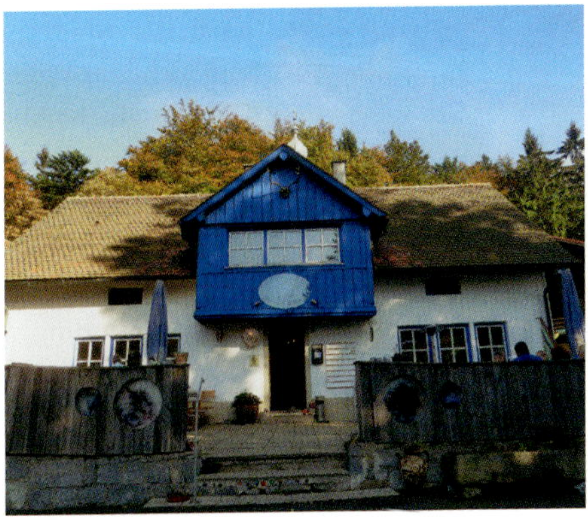

Glaskunst

So wie im Tal Waldmünchen die Glasmachertradition am alten Kohlenmeiler lebendig gehalten wird (siehe Tour 4), so ist dieses alte Handwerk auch am Berg präsent: Das gläserne Kreuz auf dem Reiseck erinnert ebenso an die Glasmachervergangenheit der Gibacht-Region.

6 Hammerschmiedeweg bei Furth im Wald

Idyllisches Bachtal und Panoramaweg

leicht | 8,6 km | 163 Hm | 2.45 Std.

Tourencharakter: Rundwanderung mit herrlichen Aussichten über das Further Becken.

Ausgangspunkt/Endpunkt: Furth im Wald, Wanderparkplatz Hochstraße

Höchster Punkt: Richtung Schafberg (513 m)

Anfahrt: Auto: A3 Ausfahrt Straubing, weiter auf B20 nach Furth im Wald, A93 Ausfahrt Schwandorf-Mitte, weiter auf B85 nach Cham und von dort auf B20 nach Furth im Wald. Bahn: Mit der Bahn nach Furth im Wald.

Einkehr: Hammerschmiede (siehe Tipp), 09973/33 25, kontakt@hammerschmiede-furth.de

Karte: Kompass, Bayerischer Wald, 1:50 000, Nr. 198, Karte 1

Informationen: Touristinfo Furth im Wald, Schlossplatz 1, 93437 Furth im Wald, 09973/509 80, tourist@furth.de, www.furth.de

Von den Ausläufern des Gibachtmassivs erstreckt sich das Further Becken nach Süden. Schon kurz nach der Stadtgrenze von Furth im Wald liegt uns auf dem Weg Richtung deutsch-tschechischer Grenze ein herrliches Panorama Richtung Osser und Hoher Bogen zu Füßen.

Unweit des Bahnhofs von Furth im Wald, am Wanderparkplatz an der Hochstraße, beginnen wir unsere Rundwanderung. Wir laufen die Hochstraße Rich-

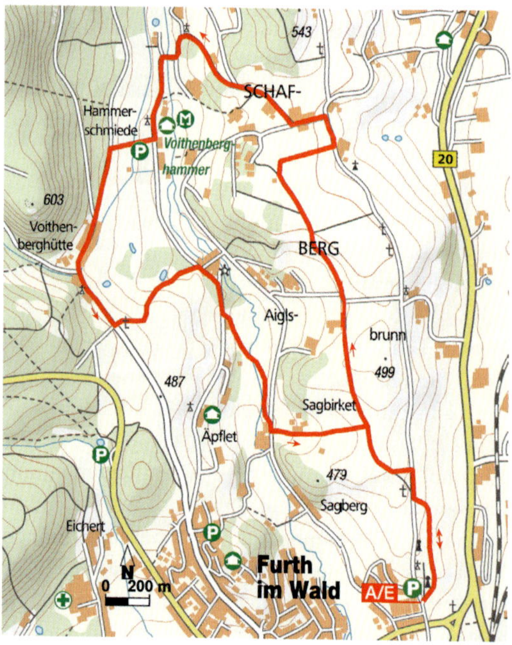

tung Schafberg und folgen dabei der Markierung Fu11 (Hammerschmiedeweg, anfangs zusätzlich auch Baierweg) vorbei am Kriegerdenkmal. Keine 200 Meter danach biegen wir links in den Feldweg ein. Der leichte Anstieg ist in den Beinen kaum zu spüren, dafür öffnet sich, sobald wir das freie Feld erreicht haben, ein wunderschöner Panoramablick nach Südosten über das Further Becken hinein in den Lamer Winkel, wo Osser und Hoher Bogen den Horizont zieren. Wir laufen immer geradeaus, bis nach zwei Kilometern der Weg rechts hinunter zweigt. Dort biegen wir links in die Flurstraße Richtung Grenze, um aber bereits an der nächsten Kreuzung erneut links abzuzweigen. Nach dem nächsten Hof wieder rechts laufen wir nun hinunter ins Tal der Kalten Pastritz.

Volksfrömmigkeit am Wegesrand

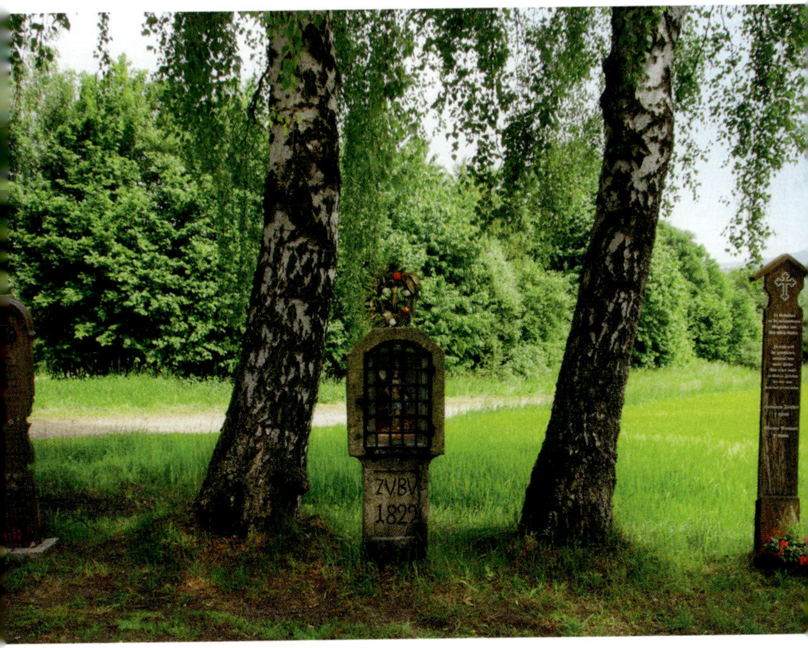

Einkehr

Das Wirtshaus in der Hammerschmiede hat das ganze Jahr über jeden ersten Sonntag im Monat von 10 bis 18 Uhr geöffnet, zwischen Mai und Oktober zusätzlich jeden dritten Sonntag. In dieser Zeit können auch der Museumsstadl (10–17 Uhr) und die alte Schmiede (14–17 Uhr) besichtigt werden.

Das Bächlein hat seit ihrer Erbauung 1823 die Hammerschmiede angetrieben. Ihre Blütezeit erlebte die Schmiede bis zur Wende ins 20. Jahrhundert, ehe der Betrieb 1926 eingestellt wurde. Der Heimatverein machte es sich Ende der 1970er-Jahre zur Aufgabe, das Gebäude zu sanieren. Heute

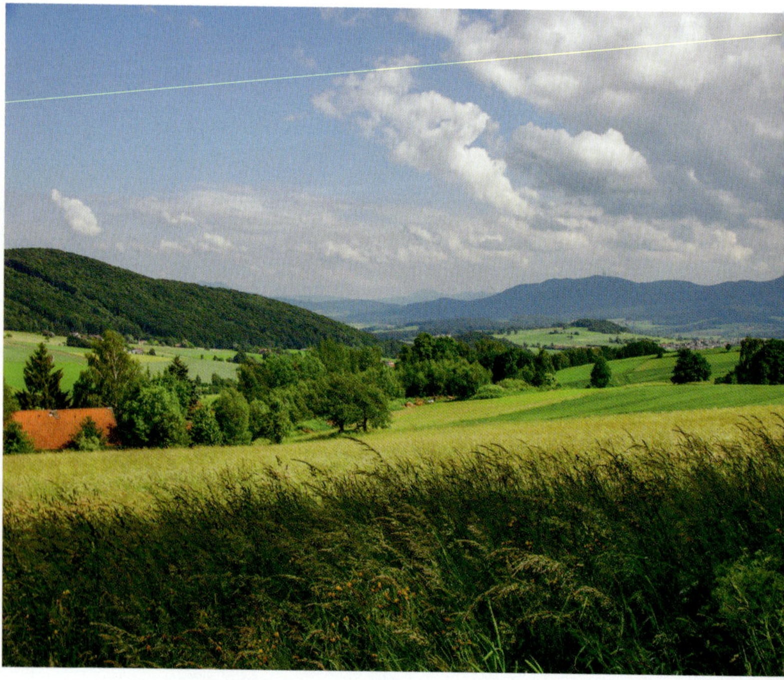

Herrliche Fernsicht einfach erwandert

werden dort unter anderem Schmiedevorführungen gezeigt. Kurz danach zweigt unser Weg rechts aus dem Tal ab und steigt hinauf zur Voithenberghütte. Dort kreuzt die Flurstraße den Further Golfplatz.

Kurz danach folgen wir nach links dem Feldweg hinab zur Kalten Pastritz. Wir folgen der Zufahrtstraße zur Hammerschmiede jedoch nach rechts, um nach 250 Metern nach links erneut in einen Feldweg einzubiegen. Nachdem wir das Bächlein überquert haben, folgen wir zunächst der Zufahrt zum Weiler Sagbirket, die in einen Feldweg übergeht, von dem aus wir rechts Richtung Kriegerdenkmal und Parkplatz einbiegen.

An der Hammerschmiede

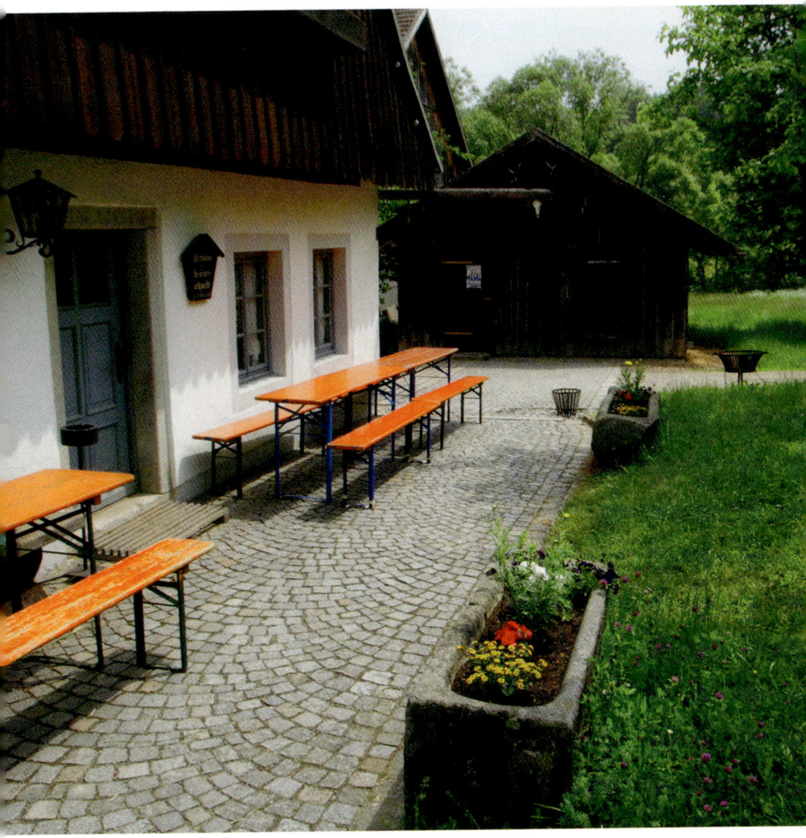

7 Rund um den Drachensee

Wandern im Vogelparadies

leicht | 9,6 km | 99 Hm | 3 Std.

Tourencharakter: Einfacher Seerundweg durch Vogelschutzzonen.

Ausgangspunkt/Endpunkt: Furth im Wald, Parkplatz Freizeitufer Drachensee

Höchster Punkt: Kleinaign (462 m)

Anfahrt: Auto: A3 Ausfahrt Straubing, weiter auf B20 nach Furth im Wald, A93 Ausfahrt Schwandorf-Mitte, weiter auf B85 nach Cham und von dort auf B20 nach Furth im Wald. Bahn: Mit der Bahn nach Furth im Wald.

Einkehr: Kiosk am Drachensee (Mo Ruhetag); Café zur Mühle, Seuchau 4, 93437 Furth im Wald, Tel.: 09973/31 33, Mo–So, 13–18 Uhr (abweichende Öffnungszeiten während Covid: So/feiertags, 13–18 Uhr)

Karte: Kompass, Bayerischer Wald, 1:50 000, Nr. 198, Karte 1

Informationen: Touristinfo Furth im Wald, Schlossplatz 1, 93437 Furth im Wald, 09973/509 80, tourist@furth.de, www.furth.de

Innerhalb von wenigen Jahren hat sich der Drachensee zu einem Naherholungsgebiet erster Güte gemausert. Dass der See künstlich angestaut ist, ist den Vögeln, die in seinem Uferschilf brüten, egal. Ein einfacher Rundweg erschließt ihn und den Weg zur Vogelwelt.

2009 wurde der Drachensee als Hochwasserspeicher in Betrieb genommen. Südlich des Diebergs staut der Damm den Chamb auf und sorgt so für den Hochwasserschutz von Furth im Wald. Gleichzeitig wurde damit ein Naherholungs- und Vogelschutzgebiet vor den Toren der Stadt geschaffen. Wir beginnen den Drachenseerundweg (Markierung Fu02) am Parkplatz an der Daberger Straße, kurz vor dem Damm. Wir überqueren die Straße und laufen am See entlang, bis der Weg nach wenigen Metern links von der Straße abzweigt und direkt am Ufer zur Wasserwacht (mit Kiosk) führt. Bis auf weiteres verläuft der breite Weg eben und auf feinem Schotter direkt am Wasser. Ab und an halten Angler ihre Rute ins Wasser. Einen Kilometer nach der Wasserwacht erreichen wir eine Gabelung (hier links: Abkürzung des Rundweges). Leicht bergauf halten wir uns rechts bergauf Richtung Wald. Einen Kilometer weiter biegt das Flursträßchen am Waldrand links. Der Markierung folgend queren wir die Chambwiesen, laufen hinauf nach Kleinaign und schließlich wieder hinunter, wo wir kurz vor dem Weiler Ösbühl den See wieder erreichen. Im Schilf versteckt, können wir hier Vögel beobachten. Kurz danach mündet von links die Abkürzung des

Rundweges, die über eine schwimmende Brücke über den See führt. Unser Schotterweg zieht nun in einem kleinen Bogen um eine Vogelschutzzone im Schilf und erreicht schließlich die Landstraße nach Furth. Wir überqueren sie, folgen dem Weg auf der Hangseite und queren sie erneut kurz vor dem Café zur Mühle, um direkt am Wasser zum Damm und links zurück zum Parkplatz zu laufen.

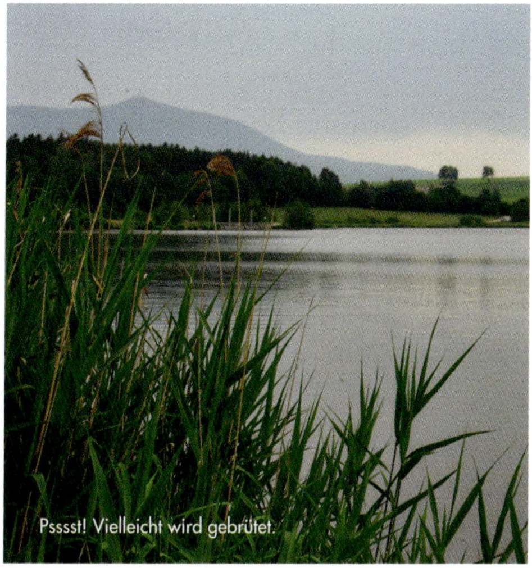

Pssst! Vielleicht wird gebrütet.

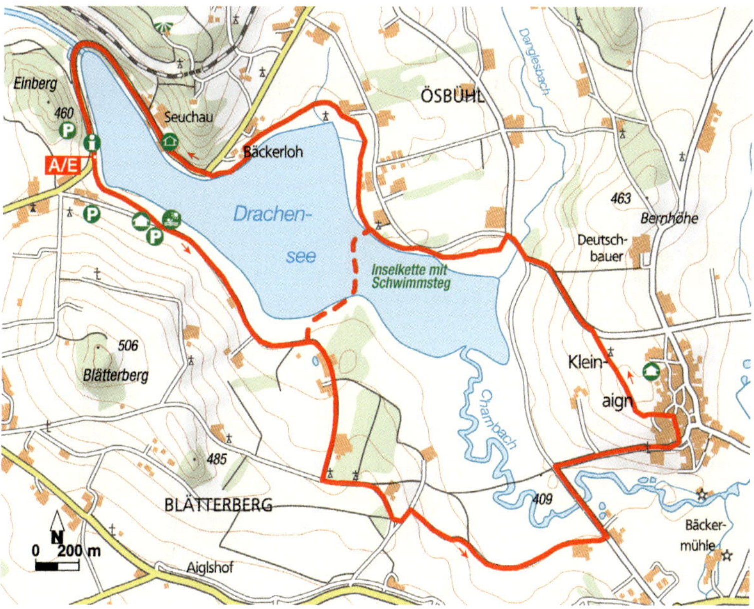

8 Auf den Haidstein

Wallfahrtsberg am Eingang zum Lamer Winkel

leicht | 5,5 km | 205 Hm | 1.45 Std.

Tourencharakter: Rundwanderung zur aussichtsreichen Wallfahrtskapelle.

Ausgangspunkt/Endpunkt: Ried am Haidstein, Parkplatz am Waldrand

Höchster Punkt: Haidstein (742 m)

Anfahrt: Auf der B20 oder B85 nach bzw. Richtung Cham, bei Chamerau über die St2132 Richtung Bad Kötzting, in Lederdorn auf der Riedstraße nach Ried am Haidstein. Bus & Bahn: Keine Anfahrt.

Einkehr: Haidsteiner Hütte, Haidstein 1, 93466 Chamerau, 09941/949 52 92, info@haidsteiner-huette.de

Karte: Kompass, Bayerischer Wald, 1:50 000, Nr. 198, Karte 1

Informationen: Kur- und Gästeservice, Bahnhofstraße 15, 93444 Bad Kötzting, 09941/40 03 21 50, tourist@bad-koetzting.de, www.bad-koetzting.de

Die Aussicht vom Gipfel richtet sich nach Westen, wo sich die sanften Hügel in den Falkensteiner Vorwald verlieren. Auf- und Abstieg sind dem Lamer Winkel zugewandt, der dem Lauf des Weißen Regen folgend zum Arbermassiv ansteigt. Und dazwischen liegt die Haidsteiner Hütte, feine Rast mit allerlei Schmankerln.

In Ried, wo übrigens die vermutlich älteste Linde Deutschlands steht, folgen wir der schmalen Flurstraße bis zum Waldrand hinauf. Hier am Parkplatz beginnt unsere Wanderung zunächst auf Schotter entlang der Markierung Bl2 und Baierweg. Der Aufstieg zum Haidstein verläuft fast zur Gänze durch Fichtenwald. Manchmal gräbt er sich als Hohlweg in

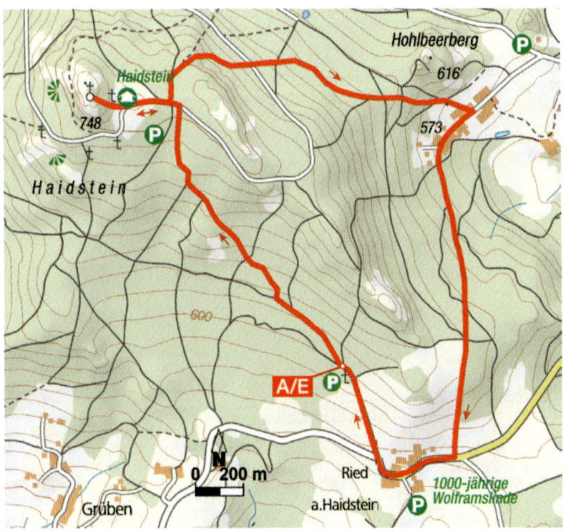

den Waldboden, manchmal ist er von Wurzeln und Stufen durchzogen, manchmal steinig. Ein typischer Waldweg, wie wir ihm im Bayerischen Wald immer begegnen. Nach einer halben Stunde erreichen wir eine Schotterstraße, der wir nach links folgen. Quer über die Wiese sehen wir schon die Haidsteiner Hütte. Dahinter erhebt sich eine bewaldete Kuppe: der Gipfel. Unterhalb der Hütte, an einer Infotafel am Parkplatz, biegt der Gipfelanstieg in den Wald und folgt auf den letzten Metern dem Kreuzweg, der von Runding heraufführt. Oben erwartet uns die Wallfahrtskapelle. Ihr gegenüber befindet sich der felsige Gipfelaufbau, auf dem ein hölzernes Kreuz steht. Wir blicken über die Hügelketten zwischen Bad Kötzting und Cham bis hinaus in den Falkensteiner Vorwald.

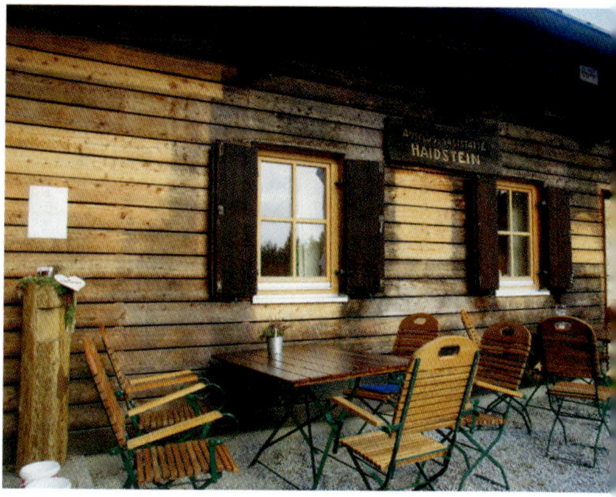

Hervorragende Küche im Schatten des Haidstein gibt es in der gleichnamigen Hütte.

Der Rückweg verläuft an der Hütte vorbei und über die Wiese zum Waldrand. Etwa auf der Höhe, wo der Aufstiegsweg in den Schotterweg einbiegt, zweigen wir nun links in den Baierweg und folgen ihm Richtung Liebenstein. Nach eineinhalb Kilometern Abstieg erreichen wir die Zufahrt zum Hotel Bayerwaldhof, in die wir rechts einbiegen und, am Hotel vorbei, weitere eineinhalb Kilometer zurück nach Ried in Angriff nehmen. Hierbei überschreiten wir nochmals einfach einen Ausläufer des Haidstein, ehe wir über das Feld nach Ried absteigen, von wo aus wir nochmals den leichten Gegenanstieg zum Parkplatz nehmen.

9 Von Bad Kötzting zum Blaibacher Stausee

Vor den Toren der Kurstadt

leicht | 7,1 km | 90/90 Hm | 2 Std.

Tourencharakter: Abwechslungsreiche Rundwanderung auf einfachen Feld- und Schotterwegen

Ausgangspunkt/Endpunkt: Kurpark Bad Kötzting

Höchster Punkt: Weißenregen (474 m)

Anfahrt: Auto: Auf der B20 und B85 nach Cham, weiter auf B85 nach Miltach. Auf der St2140 nach Bad Kötzting. Bahn: Nach Schwandorf und weiter nach Bad Kötzting.

Einkehr: Berggasthof Zur Klause, Tel. 09941/401 94 10, www.klause-weissenregen.de (Mo–Di Ruhetag, Mi–Sa 11–22 Uhr, So/feiertags 10–22 Uhr); Brauereigasthof Lindner-Bräu, Weißenregener Straße 4, 93444 Bad Kötzting, 09941/14 29, www.lindner-bier.de (Mo–Sa, 11–23 Uhr)

Karte: Kompass, Bayerischer Wald, 1:50 000, Nr. 198, Karte 2

Informationen: Kur- und Gästeservice, Bahnhofstraße 15, 93444 Bad Kötzting, 09941/40 03 21 50, tourist@bad-koetzting.de, www.bad-koetzting.de

Im Süden würde man sagen: Mare e Monti. Hier heißt es: Vom See auf den Berg. Zuerst aber noch am Fluss entlang und dann die Aussicht über Bad Kötzting genießen. Abwechslungsreicher könnte der Rundweg nicht sein – ergänzt um eine Brotzeit in Weißenregen.

Wir verlassen den Bad Kötztinger Kurpark über die Fußgängerbrücke, die neben dem Stadion »Am Roten Steg« den Weißen Regen überspannt. Der blaue Fisch als Wegmarkierung führt uns dann zunächst auf einem schmalen Pfad am Regenufer ent-

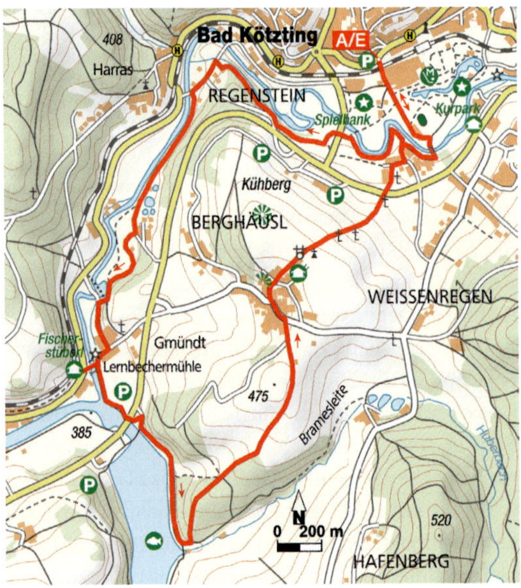

lang. Auf Höhe der Straßenbrücke kürzen wir eine Flussschlinge quer übers Feld ab und steuern auf einen Waldflecken zu. Dort erwartet uns die Magdalenenkapelle, wo auch eine kleine Treppe zur Fatimakapelle hinunterführt. Wenig später passieren wir das Haus Waldfrieden, in dem der Bayerwalddichter Maximilian Schmidt aus Eschlkam einige Zeit wohnte. Nach links folgen wir bald wieder dem Flusslauf. Nach der Kläranlage folgen wir an der Gabelung dem rechten Weg und erreichen Lernbechermühle, wo sich Weißer und Schwarzer Regen zum Regen vereinen. An der Mündung geht es für uns nach Richtung Wehr des Blaibacher Stausees. Fischerlweg heißt unser Weg auch deshalb, weil wir uns hier im Anglerrevier befinden. Wer Proviant braucht, kann auf der Staumauer zum Kiosk (saisonale Öffnungszeiten) am westlichen Seeufer laufen. Weiter geht es dann aber am östlichen Ufer, der Wald steht bis ans Wasser, bis nach links die Seestraße abzweigt. Wir folgen ihr wenige Schritte, um dann erneut links in den Wald abzuzweigen. Der einzige erwähnenswerte Anstieg der Wanderung bringt uns dann auf einfachen Wald- und Feldwegen hinauf zur Wallfahrtskirche Mariä Himmelfahrt in Weißenregen. Der Wallfahrtsort aus dem 16. Jahrhundert empfängt uns neben der stattlichen Kirche mit der Wirtschaft »Zur Klause«. Hernach folgen wir dem Kreuzweg und herrlichem Weitblick zum Hohen Bogen nach Bad Kötzting.

Letzte Etappe: der Kreuzweg nach Bad Kötzting

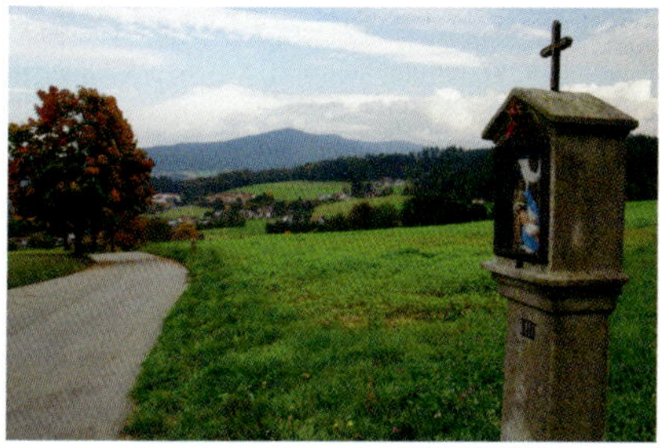

Kulturstadt Blaibach

Blaibach ist nicht nur bekannt bei Anglern wegen der Fischgründe im Regen. Moderne Architektur und Konzertreihen locken Freunde der Hochkultur seit 2014 ins Konzerthaus in die Oberpfälzer Provinz.

10 Auf dem Wasserscheiden-weg zum Zwieseleck

Romantischer Rundweg

mittel	7,1 km	343 Hm	2.30 Std.

Tourencharakter: Für gehgewohnte Wanderer einfache und einsame Wanderung mit idyllischen Ausblicken auf Osser und Arber.

Ausgangspunkt/Endpunkt: Parkplatz am Langlaufzentrum Neurittsteig

Höchster Punkt: Zwieseleck (1078 m)

Anfahrt: Auto: Auf der B85 nach Miltach und auf der St2140 Richtung Lam. In Arrach (Ampel an der Landstraße) zunächst links Richtung Neukirchen beim Heiligen Blut und schließlich rechts Richtung Rittsteig abzweigen. Bus & Bahn: Ab Bahnhof Bad Kötzting oder Lam mit dem Bus nach Neurittsteig.

Einkehr: Keine am Weg.

Karte: Kompass, Bayerischer Wald, 1:50 000, Nr. 198, Karte 2

Informationen: Touristinfo Neukirchen beim Heiligen Blut, Marktplatz 10, 93453 Neukirchen beim Heiligen Blut, 09947/94 08 21, tourist@neukirchen.bayern, www.neukirchen.bayern

Im Aufstieg zur Wasserscheide begleiten uns am Wegesrand Schnitzarbeiten bis hin zum romantischen Taubenpärchen am Taubenbrunnen. Hernach überrascht der Rundweg mit wildromantischen Ausblicken vom Osser bis zum Arber.

Unsere Rundwanderung beginnt am Parkplatz des Langlaufzentrums Neurittsteig. Am Blockhaus steigt die geschotterte Forststraße geradeaus bergan (Markierung Nk24 Wasserscheidenweg). Auf dem Anstieg begleiten uns Skulpturen des Künstlers Rudi Mühlbauer. Allerlei Tierfiguren hat er mit der Motorsäge aus Baumstämmen geschält. Nach einer halben Stunde zeigt am Taferl ein Bildstock eine Christusdarstellung. Eine hölzerne Wildsau weist uns den Weg zum Rastplatz mit Unterstand. Anschließend folgen wir der Forststraße noch ein kurzes Stück bergauf, bis wir an einem Holzverladeplatz in den Weg rechts hinauf abzweigen. Der Wald hier oben lichtet sich und langsam flacht auch der Weg etwas ab. Am Taubenbrunnen, kurz vor der tschechischen

Erweiterung der Tour

Die Tour lässt sich auf Höhe der Wasserscheide zum aussichtsreichen Osser verlängern. Der Grenzsteig führt durch einsame Natur und vorbei am Auerhahnschutzgebiet hinauf zur Hütte unterhalb des Gipfelfelsens. Die einsame Wanderung hat ihren Preis. Weitere zehn Kilometer kommen hinzu.

Grenze, erwartet uns ein geschnitztes Vogelpärchen. Entlang der Grenze geht es noch ein wenig bergauf, ehe wir am höchsten Punkt die europäische Hauptwasserscheide Elbe-Donau erreichen. Dort gabelt sich dann auch unser Weg. Während links der Grenzsteig zum Osser führt, biegen wir rechts ein und folgen dem Pfad, vorbei an einem Bildstock, über den Bergrücken. Durch jungen Wald und hohes Gras erreichen wir schließlich das Hinweisschild, das uns den Abstecher zum Zwieseleck weist. Von dem wildromantischen Aussichtsplatz erleben wir ganz neue Blicke auf Osser und Arber. Nach einer Rast auf der Sitzgruppe folgen wir dem Hauptweg nach links bergab. Bald wieder auf Schotter, steigen wir unserer Markierung folgend in einer Dreiviertelstunde nach Neurittsteig ab.

Als küssten sie sich: Schnitzerei am Taubenbrunnen

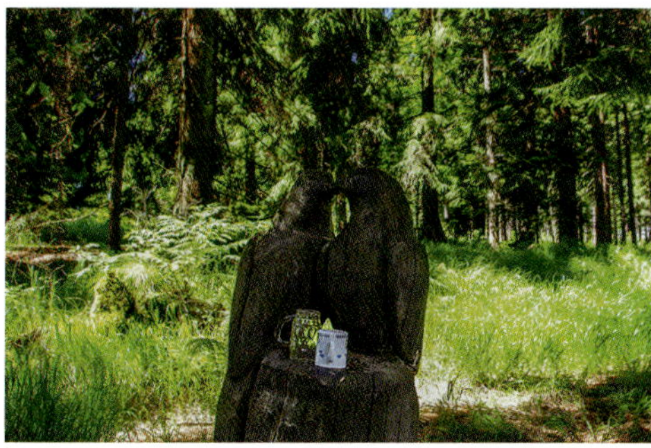

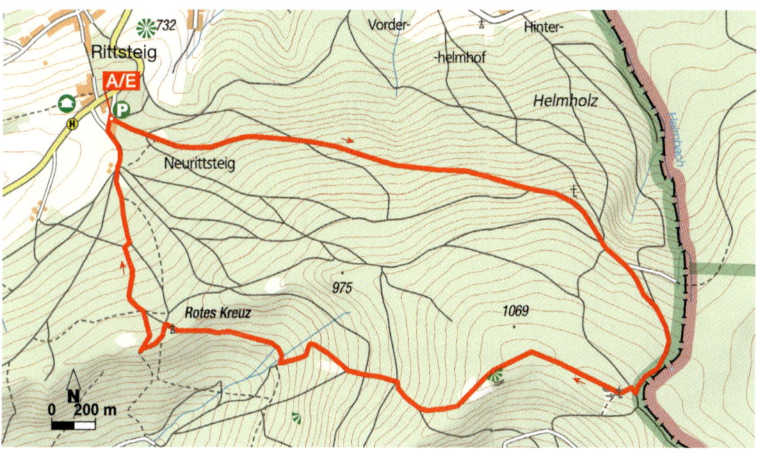

11 Zur Wallfahrtskirche Mariahilf

Im Schatten der Ossergipfel

mittel	4 km	249 Hm	1.30 Std.

Tourencharakter: Kurzer aber steiler Anstieg, im Wald verwurzelter Steig.

Ausgangspunkt/Endpunkt: Lam, Touristinfo

Höchster Punkt: Mariahilf (821 m)

Anfahrt: Auto: A3 Ausfahrt Deggendorf, B11 bis Patersdorf, weiter über Arnbruck nach Arrach (über Ecker Sattel) und weiter nach Lam. Oder A93 Ausfahrt Schwandorf-Mitte auf B85 bzw. ab Regensburg auf B16 nach Cham und weiter über Bad Kötzting nach Lam. Bahn: Mit der Bahn nach Schwandorf, umsteigen Richtung Furth im Wald und in Cham umsteigen nach Lam.

Einkehr: Keine am Weg.

Karte: Kompass, Bayerischer Wald, 1:50 000, Nr. 198, Karte 2

Informationen: Touristinformation Lamer Winkel, Marktplatz 1, 93462 Lam, Tel. 09943/777, tourist@lam.de, www.lamer-winkel.bayern

Einen Steinwurf vom Ortskern von Lam entfernt, zieht sich ein bewaldeter Rücken Richtung Ossergipfel. Am Ende des alten Kreuzweges duckt sich das Wallfahrtskirchlein Mariahilf im dichten Wald.

Mit der Touristinfo im Rücken führt uns der Künische Grenzweg (La01) aus der Ortsmitte von Lam die Lambacher Straße nach Norden. Nach 450 Metern zweigt leicht rechts in einem Aufschwung der Jugendherbergsweg nach rechts ab. Zunehmend steil steigt das schmale Sträßchen an Totenbrettern vorbei an und mündet schließlich in einen Feldweg. Wir queren die Wiese und haben hier oben einen schönen Ausblick über Lam hinüber Richtung Kaitersberg und Hohen Bogen. Vor uns der Wald, der den weiteren Anstieg überzieht. Dort biegt der Weg rechts ein und steigt den Hang querend über Stock und Stein an. Kurz unterhalb unseres Ziels, der Wallfahrtskirche Mariahilf,

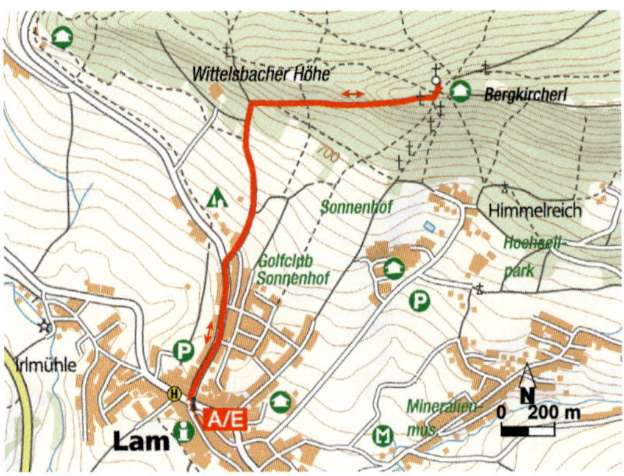

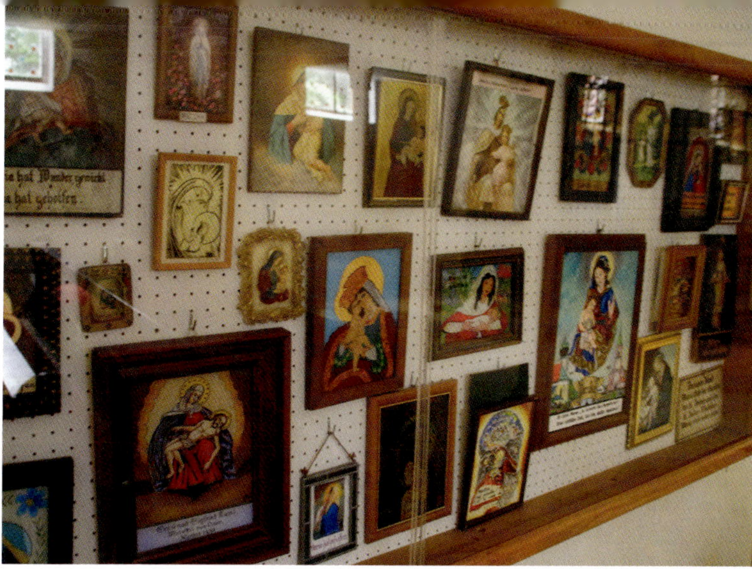

Danksagung in der Wallfahrtskirche: »Maria hat geholfen«

treffen unser Weg und der alte Kreuzweg zusammen. Seit über 250 Jahren steht das Kirchlein am Berg und der Sage nach soll ein vorübergehender Waldarbeiter ein Gnadenbild, das an einem Baum hing, verspottet haben. Als er daraufhin jedoch in eine Notlage geriet, hat er seinen Spott bereut. Als er gerettet wurde, versprach er, an der Stelle eine Kapelle zu errichten. In ihrem Zentrum stehen der neuromanische Altar und das Gnadenbild Mariahilf. Gleich gegenüber dem Altarraum der Kirche steht das ehemalige Berggasthaus. Auch die talseitig stehenden Bäume überragen das Haus noch, so dass es von hier kaum Aussicht gibt. Nach einer kurzen Verschnaufpause steigen wir hier über den Herweg wieder ins Tal ab. Der alte Kreuzweg, der von hier oben ebenso ins Tal führt, ist nicht mehr als Wanderweg ausgeschildert.

Märchenschloss

Jenseits des Grates, an den sich das Kirchlein klammert, in Lambach, steht eine alte Jugendstilvilla. Das einstige Herrenhaus beherbergt heute das Märchen- und Gespensterschloss. Von Januar bis November können sich Jung und Alt an Märchenszenen erfreuen und mit Geistern gruseln (www.maerchenschloss-lambach.de).

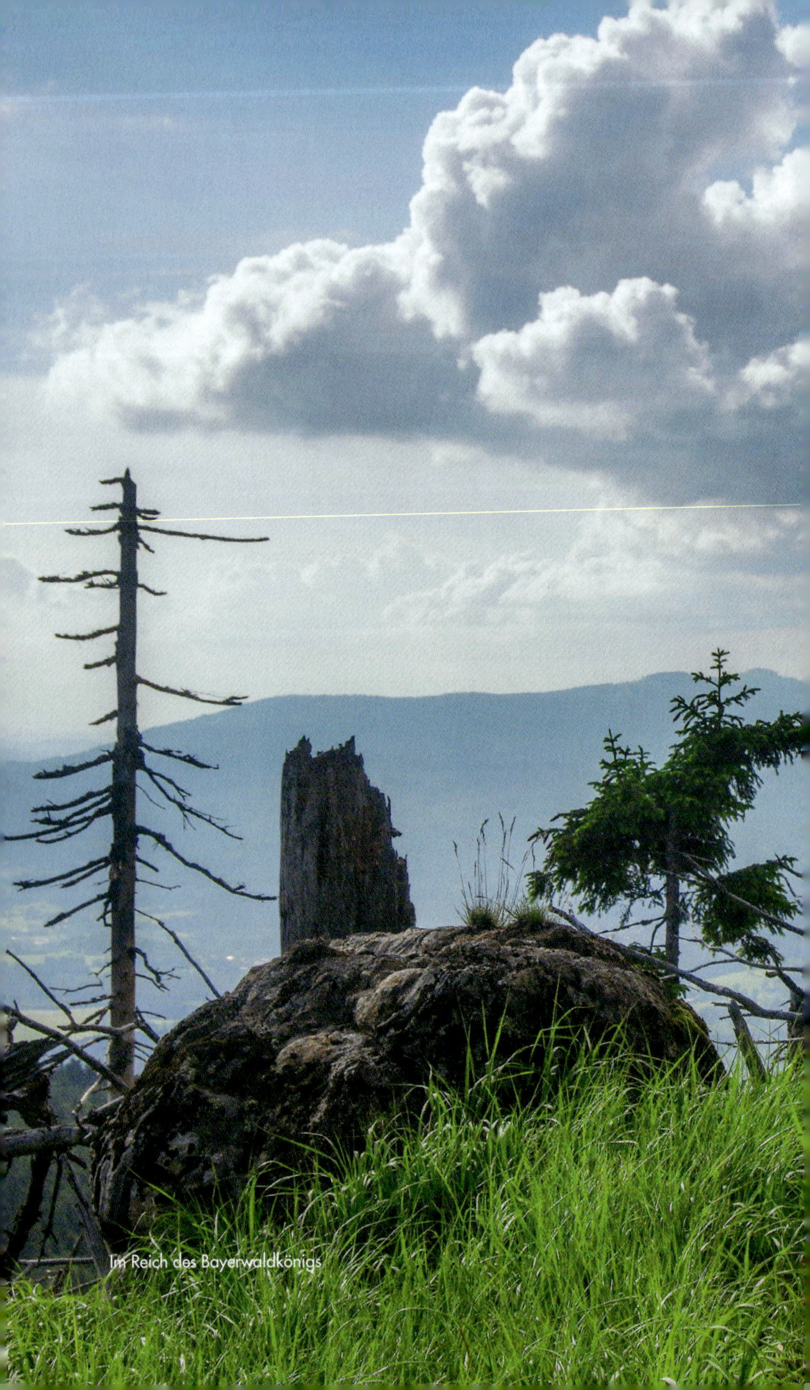

Im Reich des Bayerwaldkönigs

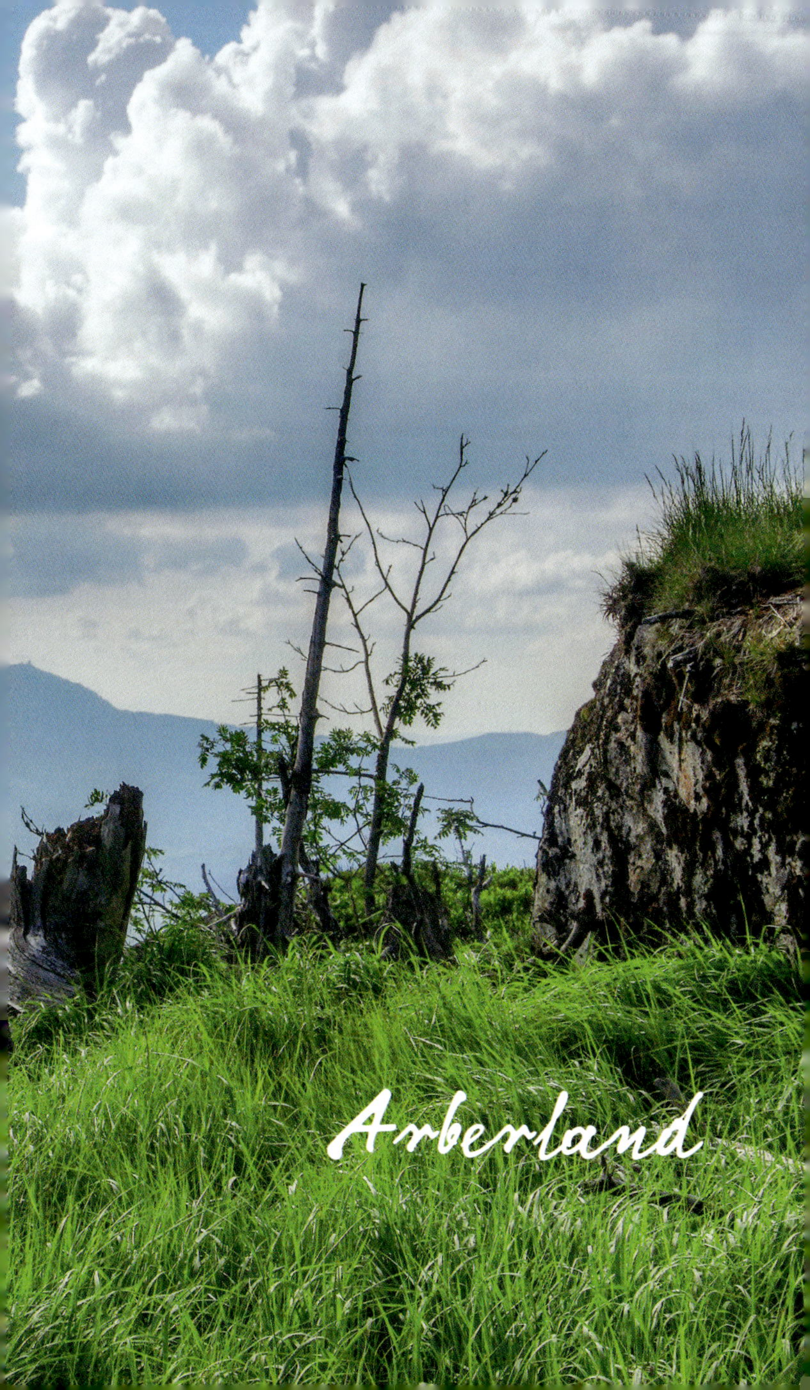
Arberland

12 Zur Kötztinger Hütte

Reing'schmeckt in die 12 Tausender

leicht | 3,4 km | 204 Hm | 1.30 Std.

Tourencharakter: Kurze Wanderung mit steileren Passagen unterhalb des Mittagsteins.

Ausgangspunkt/Endpunkt: Hudlach, Wanderparkplatz

Höchster Punkt: Mittagstein (1034 m)

Anfahrt: Auto: B85 bis Miltach und weiter über Bad Kötzting nach Hochenwarth. Hudlacher Straße bergauf bis zum Parkplatz. Bus & Bahn: Keine Anreise.

Einkehr: Kötztinger Hütte, Sommer/Herbst täglich 10–18 Uhr (gesonderte Öffnungszeiten im Winter/Frühjahr), keine Übernachtung, www.koetztinger-huette.de

Karte: Kompass, Bayerischer Wald, 1:50 000, Nr. 198, Karte 2

Informationen: Touristinfo Hohenwarth, Kirchstraße 7, 93480 Hohenwarth, 09946/28 28, tourist@hohenwarth.de, www.hohenwarth.de

Von Bad Kötzting zum Großen Arber über 12 Tausender: Die Königstour im Bayerischen Wald ist ausdauernden Wanderern vorbehalten. Auf der Kötztinger Hütte können wir aber schon einmal reinschmecken: in den Weg, die Aussicht – und die feine Hüttenbrotzeit.

Am Ende der Bergstraße nach Hudlach befindet sich rechts entlang der Straße der Wanderparkplatz. Gleich danach biegen wir rechts ein und nehmen den zunächst geteerten Aufschwung zum Hof. Wir zweigen dann in den Schotterweg ein, der hinter dem Haus in den Bergwald führt. Von links mündet nun noch eine Schotterstraße zu uns herein, doch die lassen wir links liegen. Es ist der sehr steile Versorgungsweg der Kötztinger Hütte. Wir halten uns rechts und folgen unserer Markierung Ho01. Der Waldweg ist von groben Steinen durchsetzt und durchwegs recht steil, dafür erlaubt der Nadelwald immer wieder Ausblicke hinüber zum Hohen Bogen und den NATO-Türmen, die zum Greifen nahe scheinen. Nach einer knappen Stunde haben wir schließ-

Land des Luchses

In den tiefen Wäldern, die sich südlich der Hütte bis ins Zellertal hinunterziehen, hat der Luchs ein Rückzugsgebiet gefunden. Sehen werden wir ihn von der Hüttenterrasse aus nicht, aber schön zu wissen ist es doch, dass die scheue Wildkatze wieder heimisch ist.

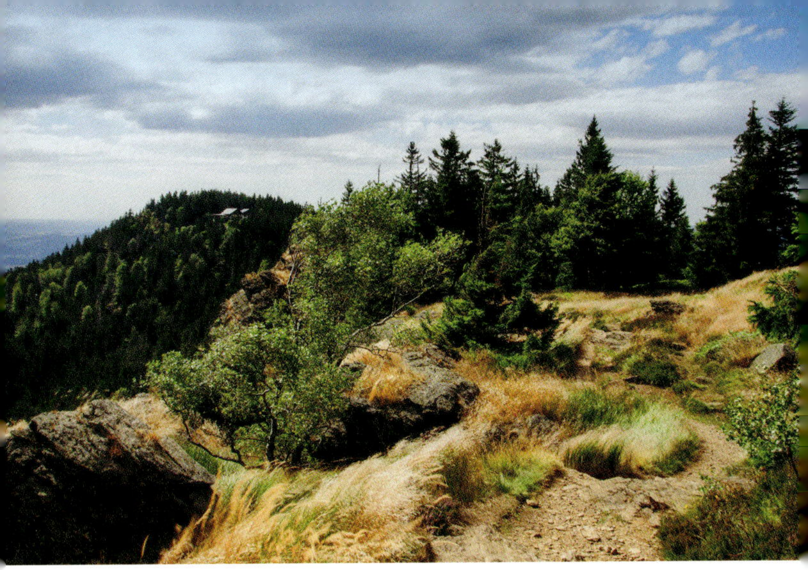

lich den Grat erreicht. Wir biegen links ein. Der breite Weg ist von Wurzeln und Steinen durchsetzt, aber fest. Wir genießen hier oben den Ausblick zur anderen Bergseite und ins Zellertal, nicht zuletzt am Kriegerdenkmal am Mittagstein, wo eine Schneise im Bergwald den Ausblick erleichtert. Von hier sind es nur noch wenige Meter zur Kötztinger Hütte. Wie ein Adlernest krallt sie sich an den Grat und ermöglicht so hoch über den Baumwipfeln einen wunderschönen Ausblick über den tiefgrünen Wald des Kaitersbergs und das Zellertal. Scharfe Augen erkennen im Gratverlauf die Felsabbrüche des Steinbühler Gesengs und den Weg, der über 12 Tausender bis zum Großen Arber führt. Auf der Terrasse haben wir den besten Aussichtsplatz. Leider bietet die Hütte keine Übernachtung, so dass wir rechtzeitig mit der Abendsonne wieder den Rückweg antreten müssen.

Gegenüber sucht die Kötztinger Hütte Schutz im Wald am Mittagstein.

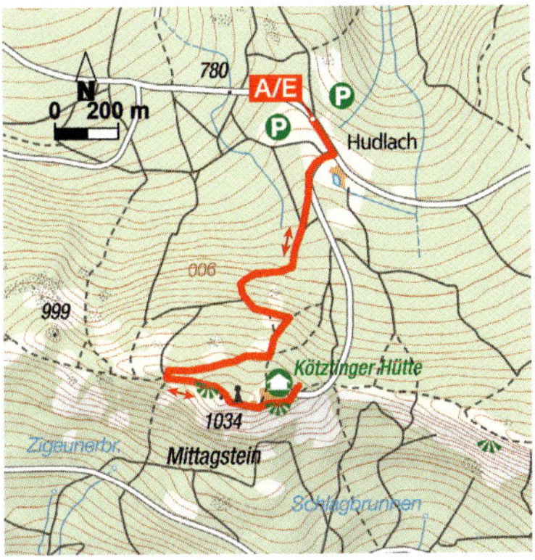

13 Auf den Großen Riedelstein

Denkmal des Bayerwalddichters

mittel | 5 km | 272 Hm | 2.30 Std.

Tourencharakter: Einfache Zielwanderung im Herzen des Lamer Winkels. Direkt am Denkmal Schwindelfreiheit erforderlich.

Ausgangspunkt/Endpunkt: Parkplatz am Berggasthof Eck (Skigebiet)

Höchster Punkt: Großer Riedelstein (1133 m)

Anfahrt: Auto: Über Bad Kötzting oder Bodenmais nach Arnbruck und auf der Bergstraße Richtung Arrach bis zum Sattel Eck (Parkplatz am Berggasthof). Bus & Bahn: Von Mitte Mai bis Ende Oktober Wanderbus ab Bahnhof Lam bis Haltestelle Eck.

Einkehr: Berggasthof Eck, Eck 2, 93474 Arrach, 09945/13 51, info@berggasthof-eck.de, www.berggasthof-eck.de (Mo–So 10–20 Uhr, Mi Ruhetag)

Karte: Kompass, Bayerischer Wald, 1:50 000, Nr. 198, Karte 2

Informationen: Touristinfo Arrach, Lamer Straße 78, 93474 Arrach, tourist@arrach.de, www.arrach.de

Dem Dichter Maximilian Schmidt wurde in schwindeliger Höhe ein Denkmal gesetzt. Wer nach dem einfachen Aufstieg erschrocken vor dem senkrechten Gipfelfelsen ankommt, wird sich wundern, dass durch die »Hintertüre« auch die letzten Meter für jeden zu machen sind.

Vor dem Berggasthof Eck breitet sich ein großer Parkplatz aus. Wir starten hier und laufen auf der Schotterstraße, die unterhalb des Skilifts in den Wald führt. Nach zwei Haarnadelkurven haben wir schon merklich Höhe gewonnen, so dass wir an der nächsten Rechtskurve, auf Höhe eines Marterls bereits einen netten Ausblick ins Zellertal haben. Weiter bergauf folgen wir am Holzumladeplatz der nächsten Rechts-

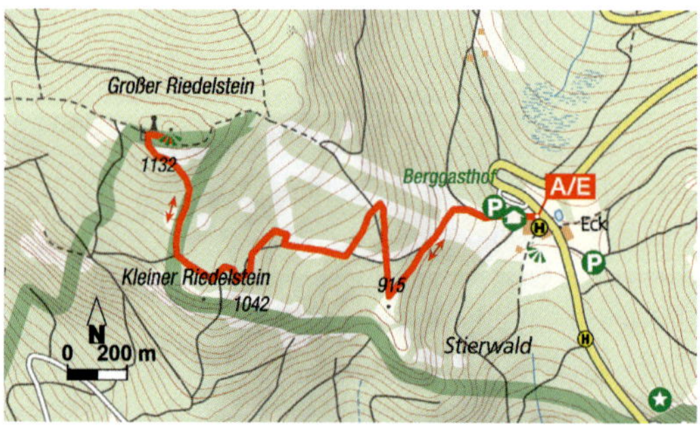

kurve, um gleich wieder links einzubiegen. Der Wirtschaftsweg mündet in einen Waldweg. Linkerhand versperrt uns ein Felsriegel den Ausblick. Wenn wir seine Höhe erreicht haben, zweigt nach links der Ab-

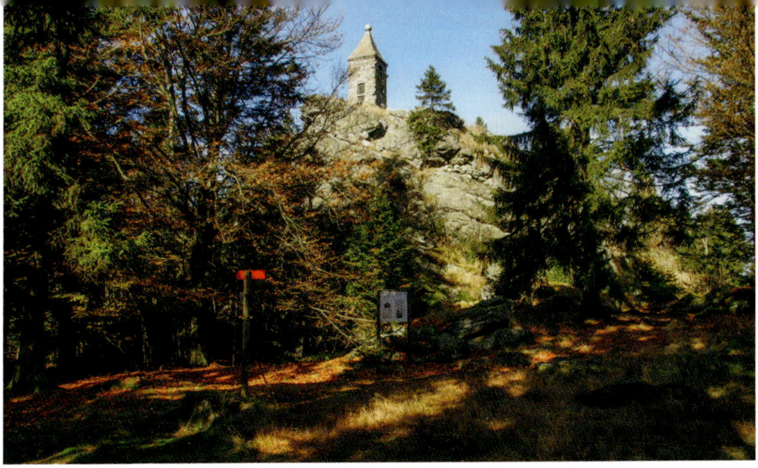

stecher zum Kleinen Riedelstein ab. Es ist eben jener Felsriegel, der uns jetzt wunderschöne Tiefblicke ins Zellertal ermöglicht. Der Weg zum Großen Riedelstein, im Herbst oft bedeckt vom Laub der vielen Buchen, führt dann vergleichsweise steil hinauf zum Grat, wo wir nach rechts einbiegen. Im Schatten der gewaltigen Felsenabbrüche des Riedelsteingipfels erwartet uns ein Unterstand. Dahinter öffnet sich eine kleine Lichtung. Wir laufen um den Felsen herum, und gewinnen, ähnlich einer Spirale, an Höhe und stehen schließlich neben dem Waldschmidtdenkmal am höchsten Punkt. Es wurde zu Ehren des Bayerwalddichters Maximilian Schmidt aus Eschlkam errichtet. Der Gipfel ist für jedermann zu machen, doch hinter dem Denkmal geht es eng zu und der Felsabbruch ist senkrecht, so dass Vorsicht geboten ist. Zwischen den Baumspitzen des Bergwaldes hindurch erkennen wir Osser und Arber. Der Weg ins Tal folgt der Aufstiegsroute.

Rechts führt ein einfacher Weg zum Denkmal des Heimatdichters.

Theaterfreuden

Literaturfreunde werden sich über das rege Treiben von Laienspielgruppen im Bayerischen Wald freuen. Ähnlich wie auf dem Haidel bei den Leopoldsreuther Festspielen oder auf der Waldbühne bei Bad Kötzting. Am Ausgang des Lamer Winkels, auf der Freilichtbühne der Burgruine Lichtenegg bei Rimbach, bieten Spielgruppen Theaterfreuden unter sommerlichem Sternenhimmel (www.libu.de).

14 Zum Aussichtsfelsen Spitzwaldstein

Rundweg auf der Schareben

leicht | 2,6 km | 56 Hm | 1 Std.

Tourencharakter: Einfache Rundwanderung auf Schotter- und Waldwegen. Auf dem Felsriegel trotz Sicherung: Kinder an die Hand!

Ausgangspunkt/Endpunkt: Berghütte Schareben

Höchster Punkt: Berghütte Schareben (1019 m)

Anfahrt: Auto: Über Bad Kötzting oder Bodenmais nach Drachselsried und über Oberried zur Berghütte (beschildert). Bus & Bahn: Keine Anfahrt.

Einkehr: Berghütte Schareben, Schareben 2, 94256 Drachselsried, tägl. 10–18 Uhr, 09945/10 37, Übernachtungsmöglichkeit, info@berghuette-schareben.de, www.berghuette-schareben.de

Karte: Kompass, Bayerischer Wald, 1:50 000, Nr. 198, Karte 2

Informationen: Touristinformation Drachselsried, Zellertalstraße 12, 94256 Drachselsried, 09945/90 50 33, touristinfo@drachselsried.de, www.drachselsried.de

Schon die Berghütte Schareben bietet Ausblick bis ins flache Land. Wer nach der Einkehr noch »Berghunger« hat, der kann sich auf dem Spitzwaldstein sattsehen: Serviert werden Weitblicke übers Zellertal, der Duft frischen Waldes und das Summen der Bienen am Fingerhut.

Mit der Berghütte Schareben im Rücken laufen wir an einem Kneippbecken und einem Schuppen vorbei zum Wald. Markierung 12 und der Hinweis auf den Spitzwaldstein zeigen den Weg in einen breiten und einfachen Waldweg, der beinahe eben die Nordseite des Plattenriegels umläuft. Nach etwa 500 Metern senkt sich der Weg etwas steiler auf einen kleinen Platz. Neben der Panoramatafel erhebt sich der Aussichtsfelsen. Er ist breit und nicht sonderlich schwer zu erklimmen, und obwohl mit Seilen gesichert, sollten Kinder den Weg zur Aussichtsbank am höchsten Punkt nicht alleine machen. Allzu luftig ist der Felssporn, doch die Aussicht über das Zellertal bis in den Vorwald überwältigend. Für den weite-

Einkehr

Als eine der wenigen Hütten im Bayerischen Wald bietet die Berghütte Schareben auch Übernachtungen an. Wenn nach der Abreise der Tagesgäste Ruhe am Berg einkehrt, kann man sich bei einem abendlichen Abstecher zum Spitzwaldstein noch die romantische »Nachspeise« gönnen: Sonnenuntergang über den Hügeln des Oberen Bayerischen Waldes.

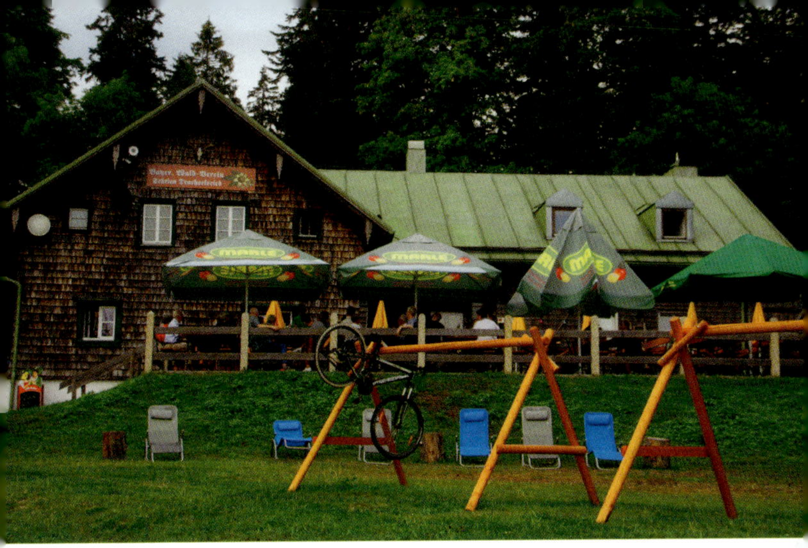

Die Berghütte Schareben: Anlaufstelle für Wanderer, Biker – und Faulenzer

ren Wegverlauf müssen wir aufmerksam sein. Nach der Panoramatafel scheint der breite Waldweg sehr verlockend, doch wir folgen dem schmalen Pfad, der nach rechts abzweigt. Unschwer über Stock und Stein erreichen wir im gemütlichen Auf und Ab schließlich eine Forststraße, der wir nach links bergab folgen. Auf ihr umrunden wir die bewaldeten Südhänge des Plattenriegels, bis ein Hinweisschild nach links deutet. Einigermaßen steil geht es geradeaus etwa 100 Meter auf dem wurzeligen Waldweg bergauf, ehe er wieder etwas abflacht und nach links abschwenkt. Wir queren eine kleine Lichtung. Rechts unterhalb dümpelt ein kleiner Teich und nach links öffnet sich bergauf die weitläufige Wiese, an deren oberem Ende die Berghütte nur zu erahnen ist. Unser Weg erreicht schließlich die Bergstraße von Oberried, der wir nach links folgen und nach wenigen Minuten Schareben wieder erreicht haben.

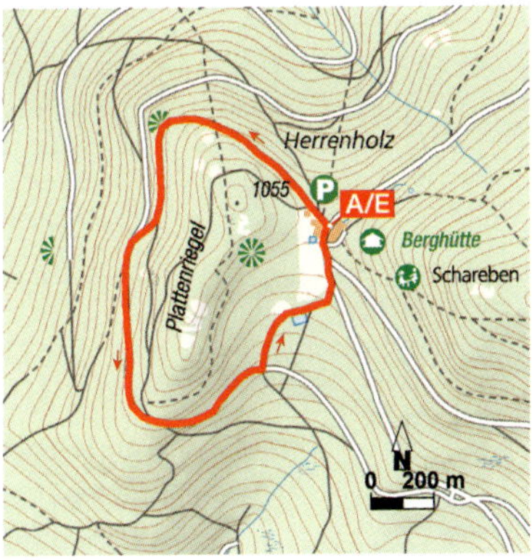

15 Zum Aussichtsfelsen Hochstein

Luftiges Panorama

leicht | 2,7 km | 112 Hm | 1.15 Std.

Tourencharakter: Einfache Rundwanderung auf einen aussichtsreichen Tausender auf Schotter und einfachen Pfaden.

Ausgangspunkt/Endpunkt: Berghütte Schareben

Höchster Punkt: Hochstein (1134 m)

Anfahrt: Auto: Über Bad Kötzting oder Bodenmais nach Drachselsried und über Oberrried zur Berghütte (beschildert). Bus & Bahn: Keine Anfahrt.

Einkehr: Berghütte Schareben, Schareben 2, 94256 Drachselsried, tägl. 10–18 Uhr, 09945/10 37, Übernachtungsmöglichkeit, info@berghuette-schareben.de, www.berghuette-schareben.de

Karte: Kompass, Bayerischer Wald, 1:50 000, Nr. 198, Karte 2

Informationen: Touristinformation Drachselsried, Zellertalstraße 12, 94256 Drachselsried, 09945/90 50 33, touristinfo@drachselsried.de, www.drachselsried.de oder www.zellertal-online.de

Wer an einem angebrochenen Tag noch Lust auf einen einfachen Bayerwaldtausender bekommt, ist am Hochstein genau richtig. Und Ruhe gibt es obendrauf, weil dieser abseits des gut besuchten Goldsteigabschnitts über 12 Tausender zum Arber liegt.

Das Wanderrevier rund um die Berghütte Schareben bietet Wandermöglichkeiten in allen Schwierigkeitsgraden. 100 Höhenmeter über der Hütte verläuft der bekannte Abschnitt des Fernwanderwegs Goldsteig, der über 12 Tausender von Bad Kötzting zum Großen Arber führt – schwer auch für gehgewohnte Wanderer. Weit einfacher, aber lohnend ist die kurze Rundtour zum Hochstein. Ein »Snack« quasi, aber weit genug, um sich die Brotzeit in der Berghütte im Anschluss verdient zu haben. Wir beginnen eben dort und verschwinden jenseits der Terrasse im Wald. Markierung Nummer 10 begleitet den schmalen Pfad zunächst über Stock und Stein durch den Bergwald bergauf, bis wir nach wenigen 100 Metern rechts in einen Schotterweg einbiegen. Wir folgen diesem

E-Bike-Tour

Man kann's ja mal versuchen: Wer mag, leiht sich im Tal ein E-Bike und versucht sich am Großen Arber. Von der Schareben aus ist der Gipfel als Zieltour auf Schotterwegen zu erreichen. Zehn Kilometer einfach. Wer mit dem Rad auf Schotter vertraut ist, muss auf dem E-Bike auch keine Angst vor dem Anstieg haben.

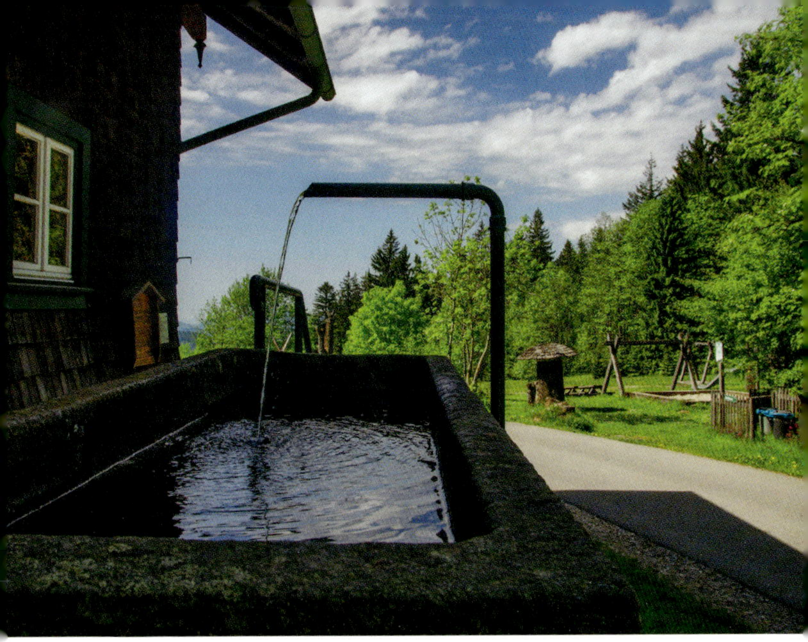

knapp 500 Meter, ehe wir links erneut auf einen schmalen Waldweg einbiegen. Durch dichtes Laub waten wir beinahe eben in Richtung unseres Ziels. Den Felsen umgibt jenseits des Kreuzes ein luftiger Abbruch. Wir könnten auf Baumwipfel hinabspukken. Aber so weit nach vorne müssen wir nicht, um die herrliche Aussicht bis zum Donaukamm und darüber hinaus zu genießen: die Skipisten des Geißkopf und der Hirschenstein, dahinter der Gäuboden und tief unter uns das Zellertal. Danach kehren wir um und folgen dem Pfad, der sich nach rechts und bergab seinen Weg zur Forststraße sucht. Für Mountainbiker ist sie eine zähe Strecke zum Arber, für uns ein einfacher Abstieg zur Berghütte Schareben. Nach rechts haben wir sie in einer Viertelstunde erreicht.

Ein wanderheißer Nacken freut sich auf das kühle Nass auf der Schareben.

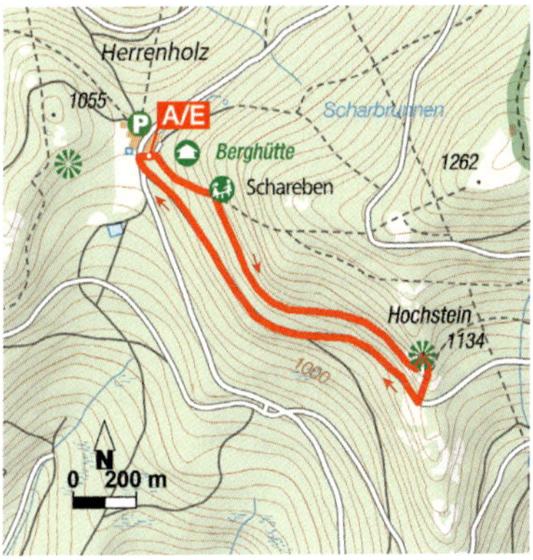

16 Flussrundwanderung am Regen

Vom Stadtzentrum ins blühende Flusstal

leicht | 5,3 km | 62 Hm | 1.30 Std.

Tourencharakter: Entspannter Rundweg auf Wald- und Feldwegen.

Ausgangspunkt/Endpunkt: Viechtach, Bahnhof

Höchster Punkt: Auf dem Weg (452 m)

Anfahrt: Auto: A93 Ausfahrt Schwandorf-Mitte, B85 bis Viechtach; A93 Ausfahrt Regensburg-Nord, B16 bis Roding, weiter auf B85 nach Viechtach oder A3 Ausfahrt Deggendorf, B11 bis Patersdorf und auf B85 nach Viechtach. Bahn: Mit der Bahn nach Deggendorf und Umsteigen in die Waldbahn nach Viechtach.

Einkehr: Keine Einkehr am Weg.

Karte: Kompass, Bayerischer Wald, 1:50 000, Nr. 198, Karte 2

Informationen: Touristinfo Viechtacher Land, Stadtplatz 1, 94234 Viechtach, 09942/16 61, touristinfo@viechtach.de, www.viechtacher-land.de

Vom Kraftwerk am Höllensteinsee staut sich der Schwarze Regen zurück. Ist er in seinem Oberlauf ein sprudelnder Bergbach, ist er nun ein gezähmter Fluss, ein Revier für Angler und Kanuten – und für Wanderer beruhigende Naturkulisse vor den Toren der Stadt.

Die Flusswanderung (Markierung 6) entlang des Schwarzen Regen beginnt am Bahnhof in Viechtach (Parkplatz). Unterhalb des Infopavillons überspannt die Schmausmühlbrücke den Regen. Wir wandern hinüber, biegen noch vor der Landstraße links und laufen am Wasser unter ihr hindurch. Am Regenufer entlang passieren wir danach die Fischlsäge. Wenn die Teerstraße in einen Feldweg übergeht, haben wir das städtische Treiben bereits vergessen. Das dicht

Aussicht

Wer auf Aussicht nicht verzichten möchte, fährt mit dem Auto auf den Kronberg (von Viechtach Richtung Arnbruck, bei Bühling links). Von der gleichnamigen Hütte hat man eine herrliche Aussicht zum Pröller. Im schattigen Bergwald gibt's zudem einfache Spazierwege etwa zur felsigen Gedenkstätte verstorbener Waldvereinsmitglieder.

eingewachsene Ufer reicht nun eng an unseren Weg. Nach rechts erhebt sich eine Böschung und zeigt uns an, dass auch uns ein kleiner Anstieg bevorsteht. Wenn der Regen eine Linkskurve macht, geht es

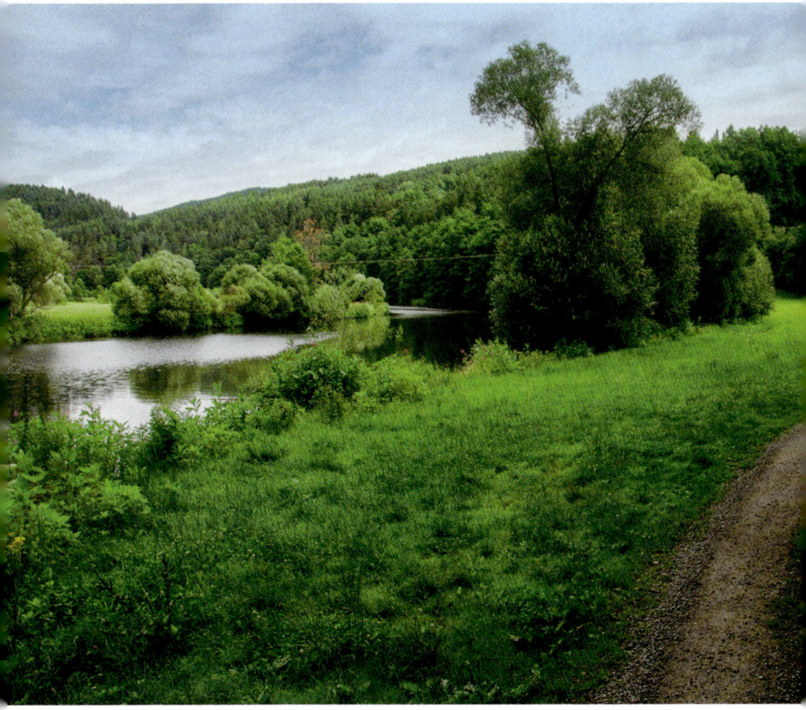

für uns in einem kurzen aber steilen Aufschwung hinauf. Wir münden in die geteerte Zufahrt eines alleinstehenden Anwesens, von der wir aber gleich links abzweigen (jetzt auch Markierung Baierweg). Der Waldweg verläuft nun oberhalb des Regen, im Schutz des bewaldeten Hochufers. Auf halber Strecke queren wir ein kleines Bächlein. Etwa eineinhalb Kilometer geht es so dahin, ehe wir bei Rugenmühle die Landstraße erreichen, der wir nach links und auf der linken Straßenseite über den Regen folgen. Gleich nach der Brücke erneut links steigen wir zum Feldweg am Regenufer hinunter. Die Runde ist so gut wie geschlossen, und wir treten den Rückweg an.

Bald biegt auch der Weg nach links in den Wald.

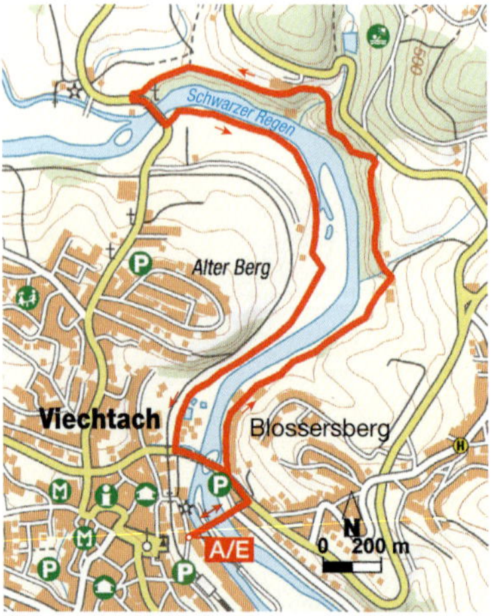

Rechter Hand ziehen sich die blühenden Wiesen im sanften Anstieg nach Rugenhof hinaus, links fließt uns der Regen, schon gezähmt in Erwartung des Nahen Höllensteinstausees, träge entgegen. Nach eineinhalb Kilometern erreichen wir die Blossersberger Straße in Viechtach. Wir biegen rechts und laufen unter der ehemaligen Eisenbahnbrücke hindurch. Auf dem Bahndamm führt heute ein Radweg. Nach 100 Metern überqueren wir die Straße und folgen der Bahnhofstraße zum Ausgangspunkt.

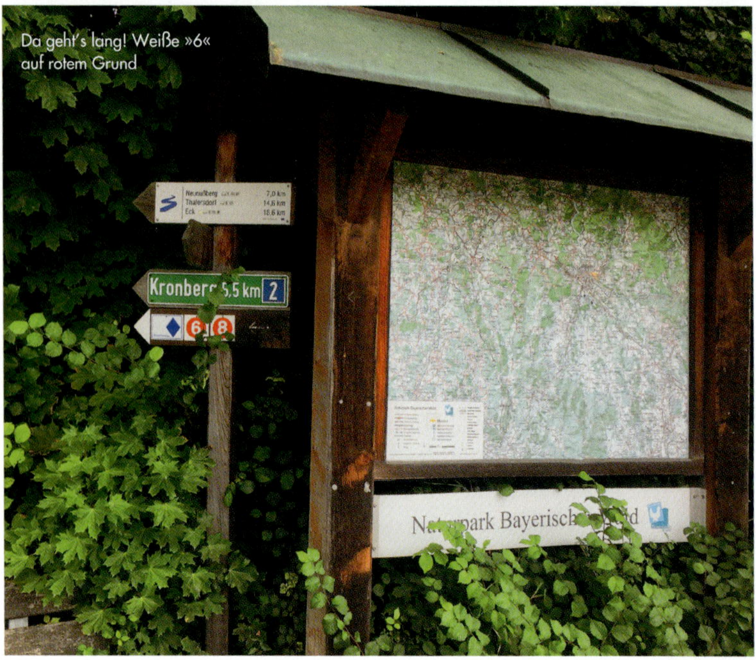

Da geht's lang! Weiße »6« auf rotem Grund

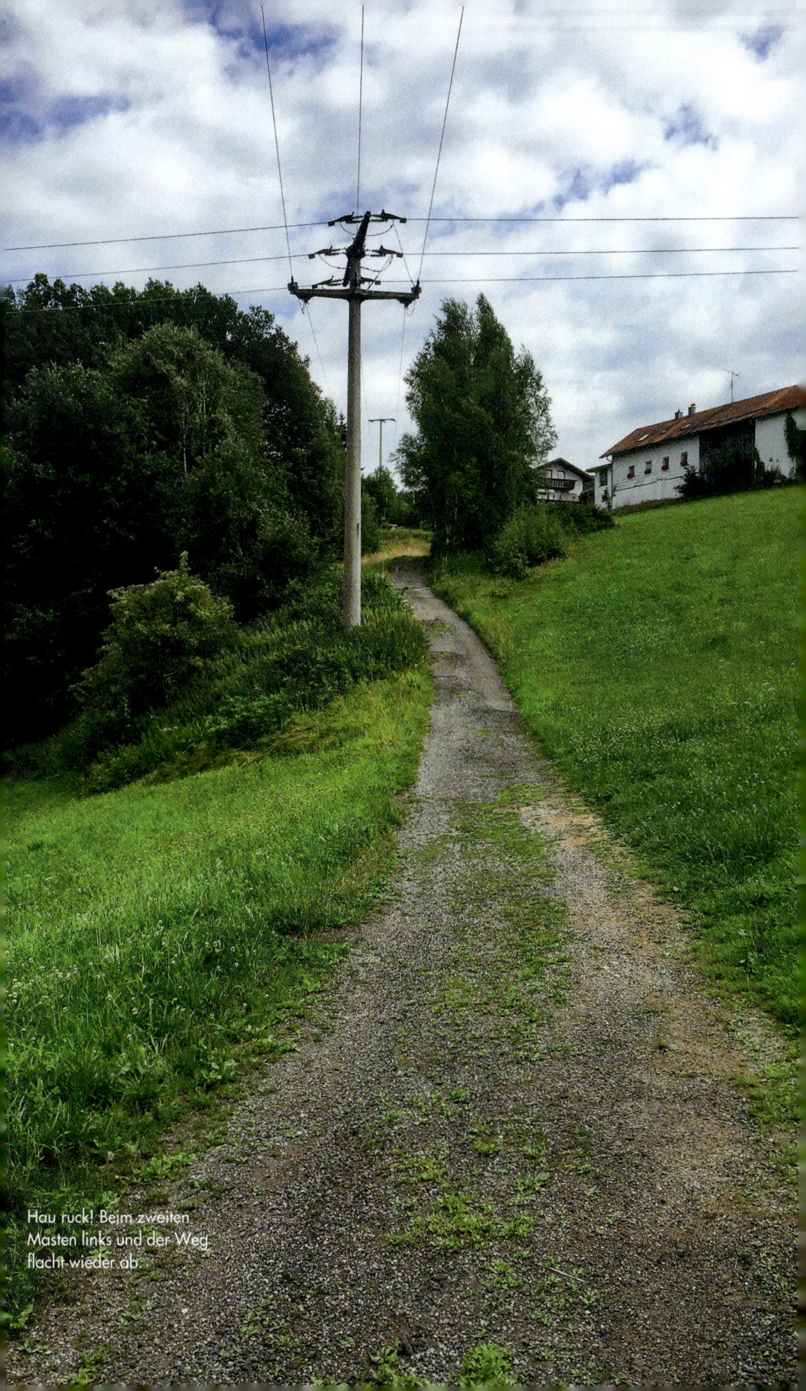

Hau ruck! Beim zweiten Masten links und der Weg flacht wieder ab.

17 Rund um den Kleinen Arbersee

Schwarze Perle im Lamer Winkel

leicht | 4,3 km | 69 Hm | 1.30 Std.

Tourencharakter: Einfacher Rundweg vor Traumkulisse.

Ausgangspunkt/Endpunkt: Parkplatz Mooshütte

Höchster Punkt: Kleiner Arbersee (920 m)

Anfahrt: Auto: B85 nach Miltach. Über Bad Kötzting und Lam Richtung Brennes. Kurz vor dem Sattel rechts. Oder auf B11 nach Bayerisch Eisenstein und zum Brennessattel. Kurz nach dem Sattel links. Bus & Bahn: Mit der Bahn nach Zwiesel und weiter mit dem Bus zur Mooshütte.

Einkehr: Berghotel Mooshütte, Lohberg, 09943/90 50 30, www.berghotel-mooshuette.de, ab 11:30 Uhr; Ausflugsgaststätte Seehäusl, Lohberg, 09943/13 85, www.seehaeusl-kleiner-arbersee.de

Karte: Kompass, Bayerischer Wald, 1:50 000, Nr. 198, Karte 2

Informationen: Touristinfo Lohberg, 93470 Lohberg, Rathausweg 1a, 09943/94 13 13, www.lamer-winkel.bayern

Die Wanderung beginnt mit einem ersten Höhepunkt: der herrlichen Aussicht über den Lamer Winkel bis zum Osser. Nach einer kurzen Wanderung durch kernigen Bergwald schimmert uns bald das nächste Highlight entgegen: der Kleine Arbersee, Kleinod im Schatten des Arbergipfels.

Der Gläserne Steig führt uns von der Mooshütte zunächst leicht bergab auf dem breiten, gesandeten Fahrweg bis zum Waldrand. Dort schwingen wir uns nach links bergauf laufend über grobe Granitbrocken quer durch den Wald bis zu einem Holzumladeplatz. Im Schatten des dichten Bergwaldes können der Weg hier noch lange nass und das Gestein rutschig sein. Kurz nach dem Umladeplatz queren wir eine Wegekreuzung geradeaus und folgen dem nun recht guten Waldweg beinahe eben bis zum Waldrand. Dort erwartet uns nicht nur eine Rastbank. Mit einem wunderschönen Blick auf die schwimmenden Inseln und die Einkehr Seehäusl auf dem gegenüberliegenden Ufer empfängt uns der Kleine Arbersee von seiner schönsten Seite. Entgegen dem Uhrzeigersinn folgen wir dem Weg rechts über das Nordufer zur Hütte. Dabei überqueren wir die Klause, an der in alten Zeiten der Wasserstand für die Holztrift reguliert wurde. Kurzes Innehalten ist angesagt, denn über den schwarz glänzenden See hinweg erhebt sich der Bayerwaldkönig Arber mit seinem grünen Waldumhang in den Himmel. Nach einer Rast am Seehäusl folgen wir dem schmalen Pfad am Ufer entlang. Obwohl wir die ganze Zeit unter Fichten und Tannen

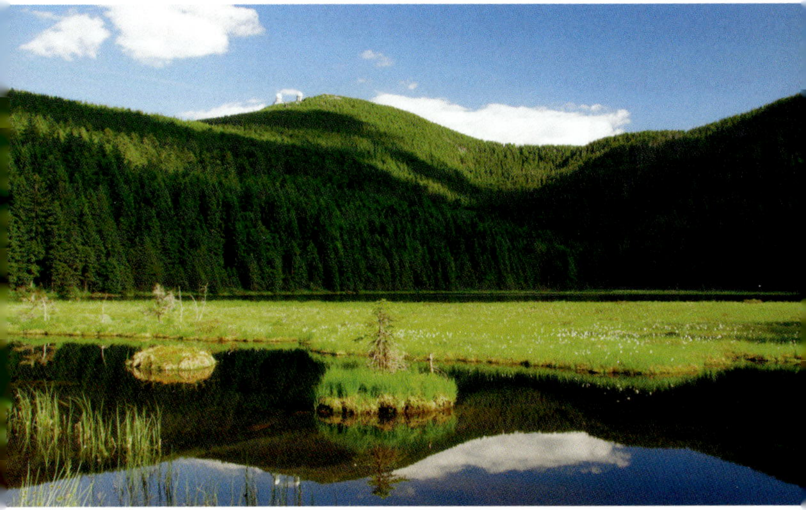

Naturwunder »Schwimmende Inseln«

laufen, haben wir dennoch genügend Gelegenheit, den See zu genießen. An seiner Westseite müssen wir aufgrund von Steinstufen und Wurzeln etwas mehr auf den Weg achten. An der Ostseite dämpft oft ein Nadelteppich zwischen Schotter die Schritte. Schließlich erreichen wir den Rastplatz, an dem wir wie gekommen wieder zur Mooshütte zurückkehren.

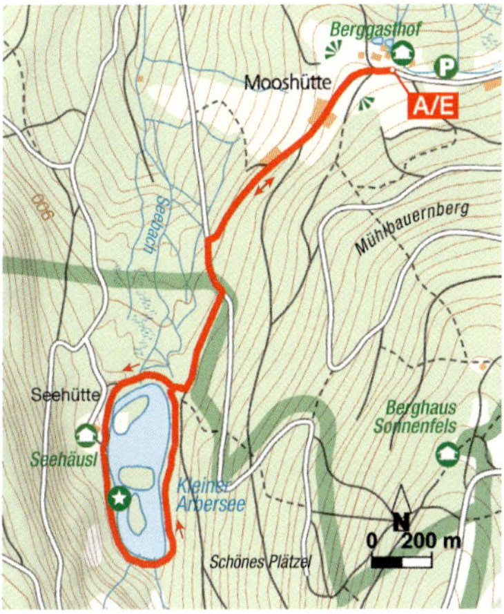

Mit der Bahn

Zwischen Ostern und November fährt die Kleine Arberseebahn von Lohberg zunächst in den Talschluss und dann auf der Zufahrt zum Seehäusl zum See hinauf. Auf der Fahrt mit der Bockerlbahn gibt der Schaffner so manch Wissenswertes zum Besten (www.kleine-arberseebahn.de).

18 Auf dem Arberplateau

Der König des Bayerwaldes

leicht | 1,9 km | 82 Hm | 0.45 Std.

Tourencharakter: Rundwanderung auf dem höchsten Berg des Bayerischen Waldes.

Ausgangspunkt/Endpunkt: Bergstation der Arber-Bergbahn

Höchster Punkt: Großer Arber (1455 m)

Anfahrt: Auto: B85 nach Miltach. Über Bad Kötzting und Lam nach Brennes und zum Lift. Oder auf B11 nach Bayerisch Eisenstein und über Brennes zum Arberlift. Bus & Bahn: Mit der Bahn nach Bodenmais oder Bayerisch-Eisenstein und mit dem Bus zum Arberlift.

Einkehr: Arberschutzhaus (Übernachtungsmöglichkeit) und Eisensteiner Hütte, im Tal: Gasthaus zur Gondelbahn an der Talstation, Bayerisch Eisenstein, 09925/ 941 40, www.arber.de

Karte: Kompass, Bayerischer Wald, 1:50 000, Nr. 198, Karte 2

Informationen: Fürstlich Hohenzollernsche Arber-Bergbahn e. K., Talstation Großer Arber, 94252 Bayerisch Eisenstein, 09925/941 40, www.arber.de

Dank der Umlaufbahn ist der höchste Berg des Bayerischen Waldes bis in den Gipfelbereich erschlossen. Nach einem kurzen Aufschwung erwartet uns auf dem Gipfelplateau eine Rundwanderung mit atemberaubenden Fernblicken in alle Himmelsrichtungen.

Der Große Arber ist der höchste Gipfel im Bayerischen Wald, er bietet einen herrlichen Ausblick über Kaitersberg und Lamer Winkel, das Künische Gebirge und den Nationalpark mit seinen Gipfeln. Mit der Umlaufbahn ist der Gipfelbereich sogar barrierefrei zu erreichen. Gipfelplateau und Gipfelkreuz erwandern wir uns dann in einer einfachen und kurzen, aber umso beeindruckenderen und abwechslungsreichen Rundwanderung. Wir steigen von der Bergstation der Umlaufbahn über recht sandigen Schotter zu-

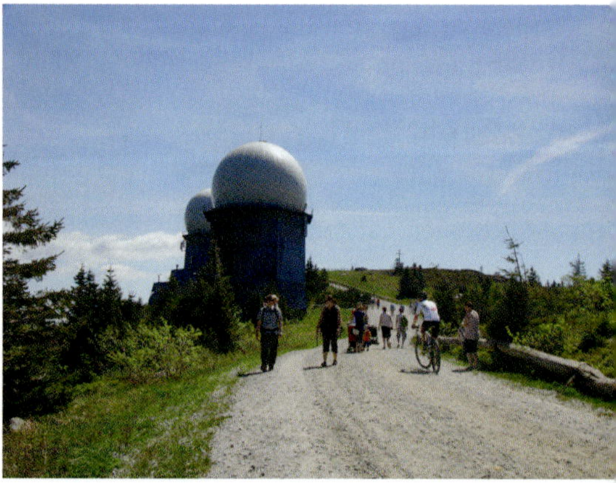

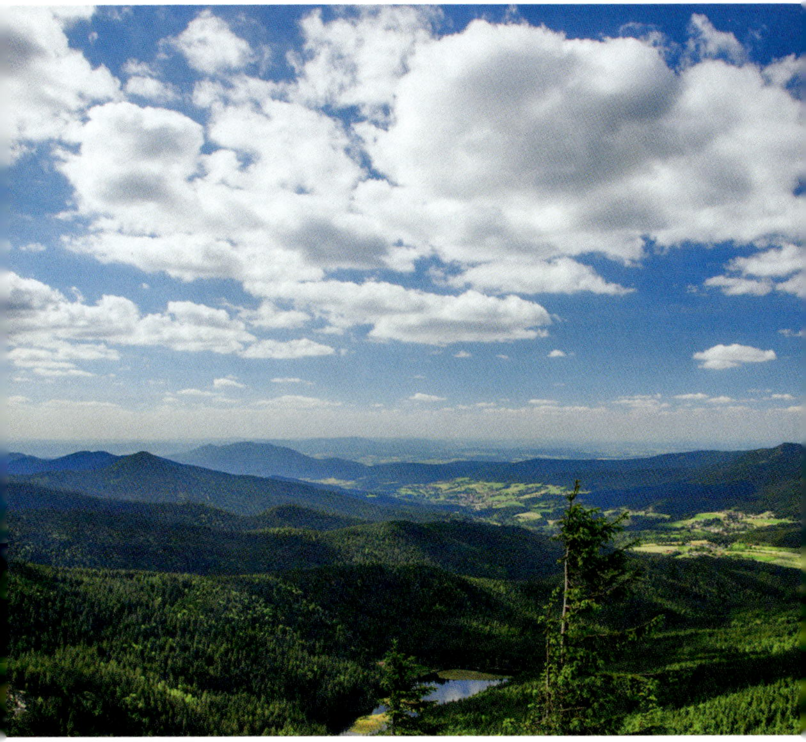

nächst steil auf einen kleinen Sattel zwischen Großem Seeriegel und dem Arbergipfel. Noch vor der Rastbank mit der Infotafel biegen wir rechts und nehmen an Latschen vorbei die letzten Meter zum höchsten Punkt. Auf einem langgezogenen Felsriegel steht ein hohes Holzkreuz, von wo aus wir uneingeschränkte Sicht über Bayerwald und Böhmerwald haben. Nach Süden, etwas unterhalb des Gipfels glänzt das Dach der Zwieseler Hütte, an der wir am Rückweg vorbeikommen. Wir folgen dem breiten Schotterweg bergab, vorbei an der mächtigen weißen, kugelförmigen Funkanlage. Immer geradeaus will die Schot-

Einsame Ausblicke: das Arberplateau

Linke Seite: Achtung, Vorfahrt!

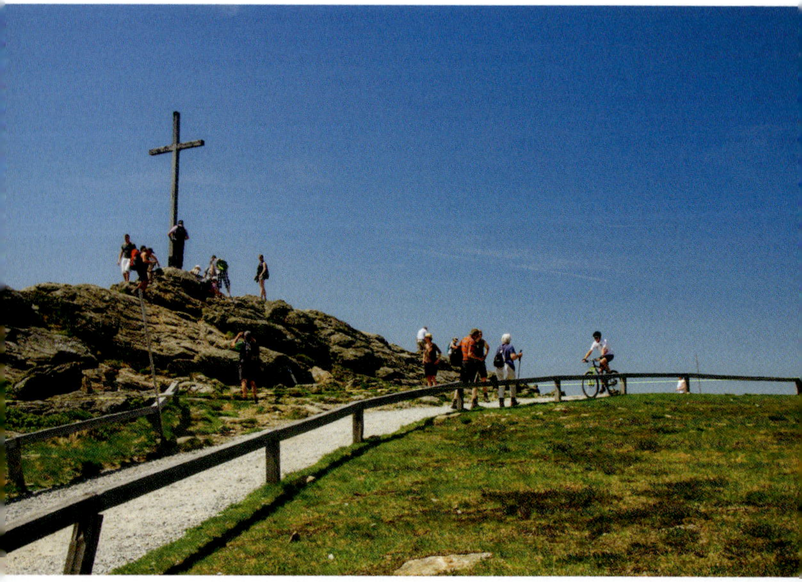

Zum Gipfelkreuz in 15 Minuten

terstraße schließlich nach links hinunter Richtung Chamer Hütte. Hier verlassen wir die Schotterstraße und steigen über den Kleinen Seeriegel weglos ein paar Meter hinunter bis zu einem Holzgeländer. Weit unten schimmert der Kleine Arbersee im Waldmeer. Dahinter öffnet sich der Lamer Winkel, der von den Massiven des Kaitersbergs, des Hohen Bogen, der beiden Ossergipfel und schließlich dem Künischen Gebirge eingerahmt wird. Wir steigen die wenigen Meter wieder zum Schotterweg und überqueren ihn. Gegenüber führt ein zunächst schmaler Wurzelweg zurück auf das Arberplateau. Wir wandern weiter zu den südlichen Felsabbrüchen des Gipfelbereichs am Bodenmaiser Rie-

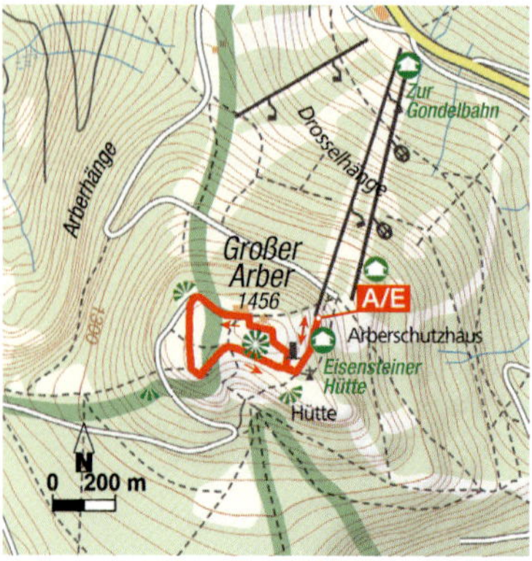

gel. Auf dem Weg wird uns erst die Dimension des Plateaus bewusst. Rechts verliert sich der Kaitersberg mit seinen Tausendergipfeln. Der erste in der Reihe ist der Kleine Arber, dessen Gipfelaufbau gut daran zu erkennen ist, dass ihm süd- und westseitig der Sturm den Bergwald geschoren hat. Unterhalb duckt sich die Chamer Hütte. Am Bodenmaiser Riegel kann es dann eng werden. Viele Wanderer wollen sich eine Kuriosität nicht entgehen lassen. Kraxelt man auf ein paar Stufen um den Felsen herum, zeigt dieser auf seiner Talseite ein weitbekanntes Ergebnis seiner Erosion: Mit Fantasie entdeckt man die Konturen von Richard Wagner im Fels. Kurz nach dem Felsriegel passiert der Gipfelrundweg einen Pfad, der via Mittagsplatzl ins Tal führt. Wir bleiben am Berg und halten auf den spärlichen Gipfelwald zu, zwischen dessen Bäumen die Zwieseler Hütte hindurchlugt. Wir passieren sie etwas unterhalb und erreichen bald wieder den Sattel, den wir bereits zu Beginn des Rundweges erreicht hatten. Vor dem Abstieg nehmen wir jedoch den Abstecher zum Seeriegel mit. Rechts der Arberkapelle halten wir uns am besten am unteren Rand des Felsens und nutzen die Seilsicherung für den Aufstieg. Die wenigen Meter hinauf sind ausgetreten und bei Nässe nicht zu unterschätzen. Dafür erwartet uns oben ein grandioser Weitblick Richtung Nationalpark.

Wer mag, bleibt bis zum Sonnenuntergang.

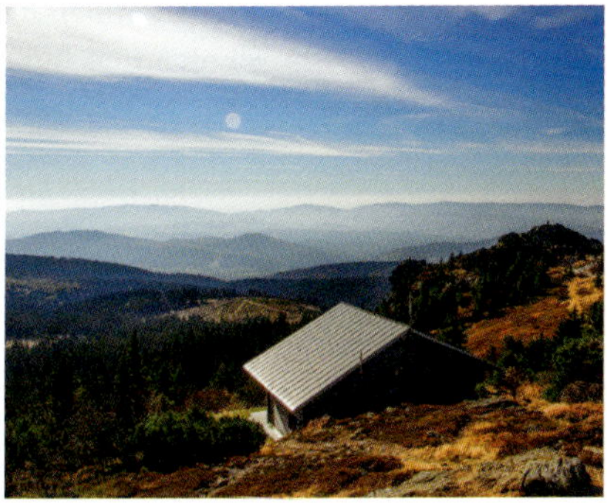

Ausblick

Am Gipfelkreuz muss man schon mal anstehen. Doch die schöneren Fotomotive gibt es am Kleinen Seeriegel mit den Tiefblicken zum Kleinen Arbersee und auf der anschließenden Querung zum Bodenmaiser Riegel: Zwischen Zellertal (im Westen) und dem Lamer Winkel verlieren sich die Tausender-Gipfel des Kaitersbergs in der Ferne.

19 Rund um den Großen Arbersee

Zu Füßen des Bayerwaldkönigs

leicht | 1,7 km | 12 Hm | 0.30 Std.

Tourencharakter: Schattiger Rundweg auf feinem Schotter vor den eindrucksvollen Felsabbrüchen vom Großen Arber.

Ausgangspunkt/Endpunkt: Parkplatz Arberseehaus

Höchster Punkt: Großer Arbersee (947 m)

Anfahrt: Auto: B11 Richtung Bayerisch Eisenstein. Bei Regenhütte abzweigen zum Großen Arbersee. Oder über Bad Kötzting und Lam nach Brennes und weiter zum See. Oder nach Bodenmais und auf Arberseestraße zum See. Bus & Bahn: Mit der Bahn nach Bodenmais oder Zwiesel und weiter mit dem Bus zur Arber-Bergbahn Talstation.

Einkehr: Arberseehaus, Arberseestraße 42, 94252 Bayerisch Eisenstein, tägl. 10–16 Uhr, Tel. 09925/90 20 03, www.arberseehaus.de

Karte: Kompass, Bayerischer Wald, 1:50 000, Nr. 198, Karte 2

Informationen: Touristinfo Zwiesel, Stadtplatz 27, 09922/500 16 92, www.zwiesel.de

Bald 400 Meter überragt die Seewand den Großen Arbersee. Unter dem schweren, schattigen Felsabbruch bilden die idyllischen Seerosen, quakenden Enten und bunten Tretboote auf dem Großen Arbersee fröhlichen Kontrast.

An der Südostflanke des Großer Arbers, am Fuße der beinahe 400 Meter hohen felsdurchsetzten Seewand liegt der Großer Arbersee. Ebenso wie sein Bruder, der Kleine Arbersee, der an der Nordseite des Arbers liegt, ist er ein Karsee und Relikt aus der Eiszeit. Und ebenso wie sein kleiner Bruder können wir hier das Naturphänomen schwimmender Inseln beobachten,

Einkehr

Im Sommer 2018 wurde am Ostufer des Großen Arbersees das neuerbaute Arberseehaus eröffnet. Der Neubau in seiner Holzbauweise mit Rundbögen, Wintergarten und Sonnenterrasse orientiert sich an seinem Vorgänger aus dem Jahr 1904. Die traditionellen Paddelboote wurden schon vor Jahren gegen Tretboote ausgetauscht.

Schwingrasen, der nicht mit dem Seegrund verbunden, allerdings anders als beim Kleinen Arbersee, hier fest mit dem Ufer verbunden ist. Der See ist von einem dichten Urwald umgeben, der Teil des Naturschutzgebietes Großer Arbersee und Arberseewand ist, das 1939 ins Leben gerufen wurde. Hier besteht Wegegebot, Hunde laufen an der Leine. Aufgrund seiner guten Erreichbarkeit und des seit Sommer 2018 eröffneten Neubaus des Arberseehauses gehört der See zu den beliebtesten in der Region. Da aber viele Gäste die herrliche Lage von der Sonnenterrasse

Das neuerbaute Arberseehaus blickt auf den See und das Bergmassiv.

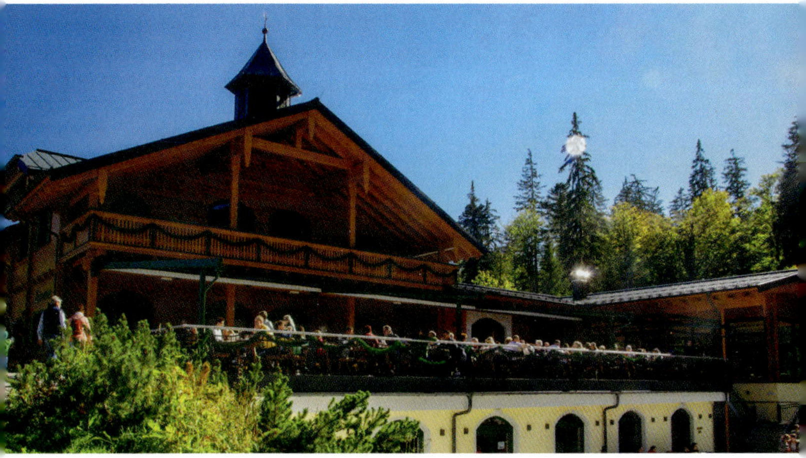

aus genießen oder das bis zu 16 Meter tiefe Wasser mit dem Tretboot erkunden, wird es schnell ruhiger, wenn wir den See umrunden. Mit dem Seehaus im Rücken laufen wir links über die gepflasterte Furt zu den Infotafeln. Im Uhrzeigersinn folgen wir dann dem breiten, fein geschotterten Weg, der auch für Kinderwagen gut befahrbar ist. Der Wald steht dicht ans Wasser, so dass wir überwiegend unter Bäumen laufen. Die Uferzonen sind immer wieder reich von Seerosen bedeckt. Die idyllische Rundwanderung endet dann dicht neben der Brennesstraße am Bootsverleih vor dem Arberseehaus.

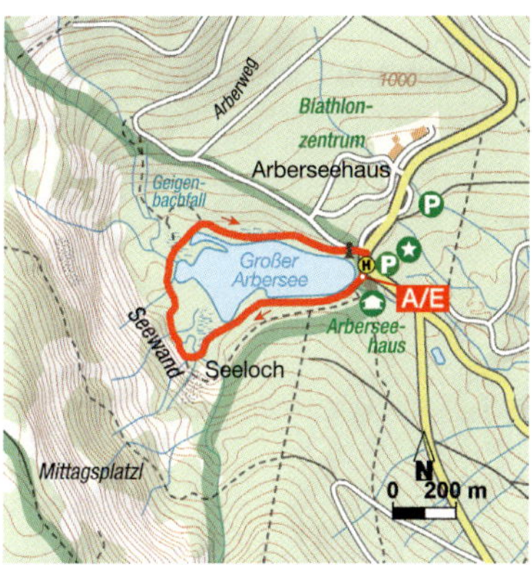

20 Zu den Rieslochfällen

Die größten Wasserfälle im Bayerischen Wald

leicht | 7,9 km | 104 Hm | 2.30 Std.

Tourencharakter: Auf einfachen Wald- und Schotterwegen durch das Naturschutzgebiet zur Rieslochschlucht und den Wasserfällen.

Ausgangs-/Endpunkt: Wanderparkplatz Schönebene (903 m)

Höchster Punkt: Rieslochfälle (965 m)

Anfahrt: Auto: A3 bis Deggendorf und weiter auf B11 nach Patersdorf. Über Teisnach und Böbrach nach Bodenmais. Über Arbersee- und Schönebenstraße etwa drei Kilometer aus der Ortschaft bergauf Richtung Arber. Der Parkplatz liegt rechts neben der Landstraße. Bahn: Waldbahn nach Bodenmais und weiter mit Bus Richtung Arbersee zur Haltestelle Schönebene

Einkehr: Keine auf dem Weg.

Karte: Kompass, Bayerischer Wald, 1:50 000, Nr. 198, Karte 2

Informationen: Touristinfo Bodenmais, Bahnhofstraße 56, 94249 Bodenmais, 09924/77 81 35, www.bodenmais.de

Nördlich von Bodenmais stürzen sich die Rieslochfälle spektakulär in mehreren Stufen aus dem Arbermassiv in die enge Schlucht. Eine einfache Wanderung führt durch das Naturschutzgebiet Riesloch zu den höchsten Wasserfällen im Bayerwald.

Der Wanderparkplatz Schönebene liegt an der Bergstraße von Bodenmais Richtung Großer Arbersee. Wir überqueren die Landstraße und folgen dem breiten Waldweg (Markierung Nr. 12) Richtung Rieslochfälle. Zunächst geht es leicht bergab, um nach etwa 500 Metern wieder anzusteigen. Wir überqueren eine

In und auf dem Silberberg

Der Silberberg: Der markante Gipfel erhebt sich östlich der Stadt, wo auch die Landstraße zu unserem Ausflugsparkplatz beginnt. Tief in seinem Inneren wird die anstrengende Arbeit der Bergleute von einst gezeigt. Wer nicht für Höhlen zu haben ist, findet am Gipfelkreuz oder auf der Rodelbahn ein luftiges Vergnügen (www.silberberg-online.de).

Forststraße. Danach wird der Pfad etwas holprig, und über Stock und Stein queren wir im gleichmäßigen Auf und Ab die Westseite des Hochzellbergs. Wir queren erneut eine Schotterstraße und folgen gegenüber dem ebenfalls geschotterten Ast, der sich beinahe eben in einer weiten Linkskurve an den Hang schmiegt. Am Wendehammer laufen wir geradeaus. Links unter uns öffnet sich die Rieslochschlucht, dicht

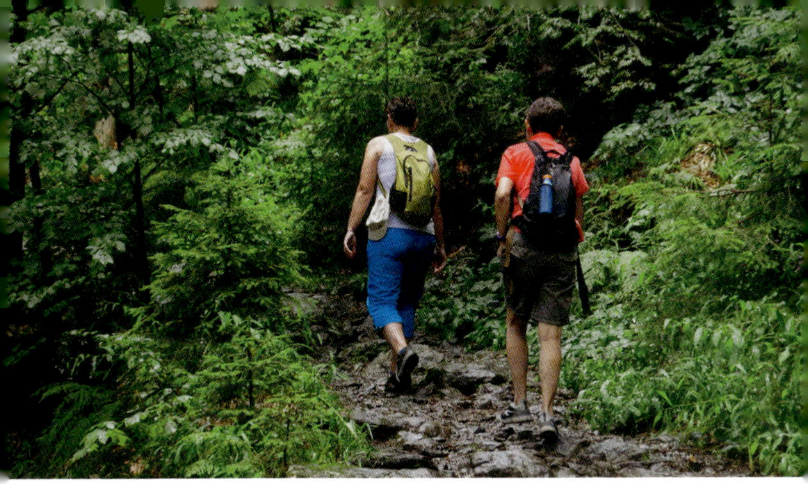

eingepackt in Tannen und Fichten. Granitfelsen flankieren unseren Weg zur Hangseite. Nach etwa einem Kilometer haben wir den oberen Teil der Wasserfälle erreicht. Von rechts sprudelt der Wildauerbach in die Schlucht. Eine Holzbrücke führt an der Gischt vorbei, welche die Luft erfrischend abkühlt. Bänke laden zu einer Rast. Hier ist das Ende unserer Wanderung. Zurück geht es auf dem Hinweg. Wer es sich aber zutraut, läuft ein Stück weiter und überquert den Schwellbach, ehe er sich in die Schlucht stürzt. Auf der in Fließrichtung rechten Bachseite führt ein Steig zur den höchsten Wasserfallstufen. Dieser Weg ist aber steil und durchsetzt von hohen Tritten. Weit gemütlicher ist es, Weg Nr. 2 Richtung Kleiner Arber noch ein wenig entlang zu schlendern. Blumen entlang des Schwellbachs, lichter Bergwald und satte Heidelbeerwiesen bilden einen idyllischen Gegensatz zur wildromantischen Schlucht.

Steinige Waldpfade wechseln sich mit Schotterpassagen ab.

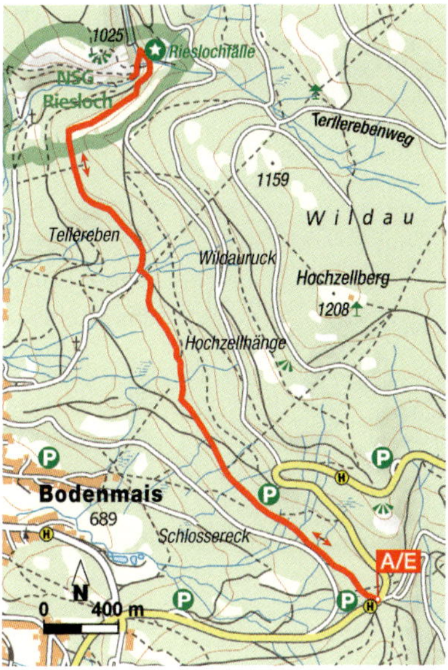

21 Rabensteigrunde

Idyllischer Weg abseits des Trubels

leicht | 3,7 km | 90 Hm | 1.15 Std.

Tourencharakter: Einfacher Rundweg abseits des Trubels.

Ausgangspunkt/Endpunkt: Rabenstein, Parkplatz Kaisersteig

Höchster Punkt: Auf dem Weg (765 m)

Anfahrt: Auto: B85 nach Regen und auf B11 nach Zwiesel. Auf der Rabensteiner Straße nach Rabenstein. Parkplatz liegt am Ende der Ortsdurchfahrt. Bus & Bahn: Mit der Bahn nach Deggendorf und weiter nach Zwiesel. Ab Bahnhof mit dem Bus nach Rabenstein (Schlossparkplatz). Von dort 500 m zum Ausgangspunkt.

Einkehr: Keine Einkehr am Weg.

Karte: Kompass, Bayerischer Wald, 1:50 000, Nr. 198, Karte 2

Informationen: Touristinfo Zwiesel, Stadtplatz 27, 94227 Zwiesel, 09922/500 19 62, zwiesel@ferienregion-nationalpark.de, www.zwiesel.de

Zwischen Feuchtwiesen, Aussichtsfelsen und verfallenen Höfen: So abwechslungsreich der Rundweg am Fuße des Hennenkobel auch ist, er wird vor allem die erfreuen, die vor den Toren Zwiesels Ruhe und Beschaulichkeit suchen.

Am Ende der Regenhütter Straße, am Parkplatz Kaisersteig, beginnt unsere Rundwanderung an der Infotafel. Der Rabensteig führt vom Parkplatz zunächst hinunter zum Mühlbachl. Auf seinem idyllischen Weg über Feuchtwiesen und zwischen kleinen Teichen hindurch stehen Erlen Spalier. Der schmale Pfad durch hohes Gras kann auch an heißen Tagen feucht sein. Haben wir die Wiesen hinter uns, biegen wir auf einen Forstweg rechts ein und folgen ihm, bis wir nach etwa 150 Metern links in den Waldweg einbiegen. Der führt uns nun steil durch einen Douglasienwald zu einem Aussichtsfelsen, von wo aus wir einen schönen Ausblick hinüber nach Rabenstein haben. Weiter geht es nun zum ehemaligen Weiler Ableg. Erneut werden wir auf dem Weg dorthin von einem eher seltenen Baum im Bayerischen Wald be-

Zwieseler Waldmuseum

Im Zwieseler Waldmuseum werden in Schaukästen mit original Baumriesen und präparierten Tieren ungewöhnliche Einblicke in die heimische Tier- und Pflanzenwelt gegeben. Dem Museumskonzept entsprechend werden Geschichten, wie etwa das Leben der Hirten, lebendig erzählt (www.waldmuseum.zwiesel.de).

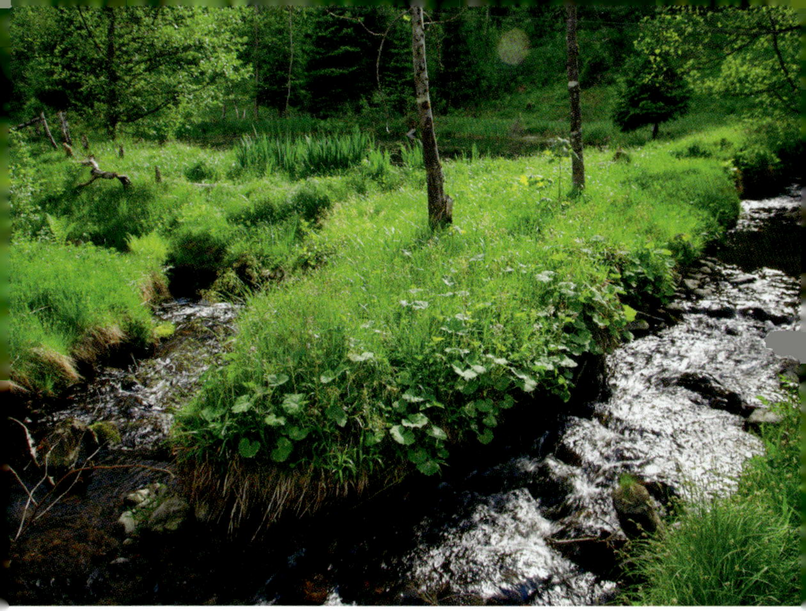

gleitet, der Lärche. Der einzige winterkahle Nadelbaum steht hier zwischen Buchen und Fichten. Dann liegt auch schon der Wiesenflecken Ableg vor uns.

Am Rabensteig gehört uns die Natur meist allein.

An den einstigen Einödhof erinnert nur noch eine Infotafel. Der Feldweg führt am Waldrand entlang, ehe wir in einer langgezogenen Linkskurve durch den Bergwald weiterwandern. Nach einer Viertelstunde erreichen wir eine geschotterte Forststraße, in die wir links einbiegen. Schon in der nächsten Rechtskurve verlassen wir den Schotterweg bereits wieder und steigen durch den Bergwald geradeaus ab. Weiter unten treffen wir dann wieder auf den Schotterweg oberhalb der Feuchtwiesen. Wir biegen rechts und gleich wieder links ein, wandern an den Teichen vorbei und haben jenseits des Mühlbachls den Parkplatz wieder erreicht.

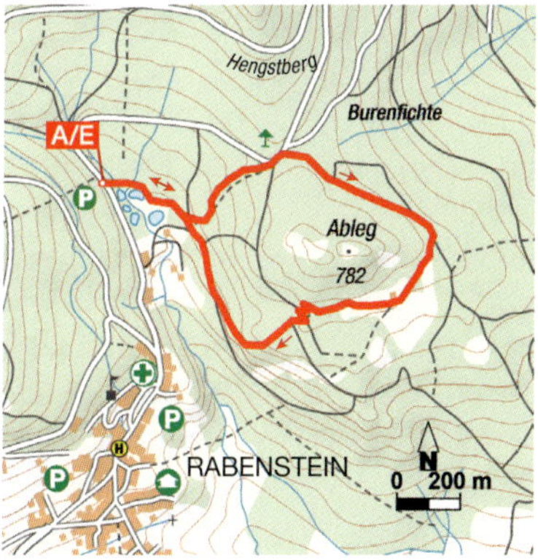

22 Am Oberlauf des Großen Regen

Flusswanderung zwischen Arber und Falkenstein

leicht | 9 km | 30/124 Hm | 2.30 Std.

Tourencharakter: Flusswanderung auf einfachen Schotter- und Waldwegen, überwiegend bergab.

Ausgangspunkt/Endpunkt: Bayerisch Eisenstein, Bahnhof; Ludwigsthal, Bahnhof

Höchster Punkt: Bayerisch Eisenstein (721 m)

Anfahrt: Auto: B11 nach Bayerisch Eisenstein, nach der Tour mit der Waldbahn von Ludwigsthal zurück. Bus & Bahn: Mit der Bahn nach Deggendorf, weiter mit der Waldbahn über Zwiesel nach Bayerisch Eisenstein.

Einkehr: Juditas Café, Arberseestraße 3, 94252 Bayerisch Eisenstein, tägl. 11–18 Uhr, Tel. 099925/12 73

Karte: Kompass, Bayerischer Wald, 1:50 000, Nr. 198, Karte 2

Informationen: Touristinfo Bayerisch Eisenstein, Schulbergstraße 1, 94252 Bayerisch Eisenstein, 09925/94 03 16, info@bayerisch-eisenstein.de, www.bayerisch-eisenstein.de

Der Oberlauf des Großen Regen trennt in einem wildromantischen Tal den Nationalpark vom Arbergebiet. Durch die Waldbahn ist die Region bestens erschlossen, so dass wir ganz ohne Auto den Tag in der Natur verbringen können.

Der Große Regen ist noch ganz jung, wenn er bei Bayerisch Eisenstein über die Grenze plätschert. Seine Quelle liegt ein Stück nördlich, irgendwo in den Osthängen des Pancír. Wir folgen seinem Verlauf ab der Grenzstadt.

Vom Bahnhof aus laufen wir die namensgleiche Straße hinunter zur Hauptstraße. Mehr Landstraße als Ortsdurchfahrt folgen wir ihr nach links. Rechts der Straße passieren wir das Sport- und Freizeitgelände und biegen danach rechts in die Eisensteinermühle ein. Wir folgen der Straße bis zum Fluss. Noch vor der Brücke biegen wir nach links in den Flusswanderweg (Goldsteig) ein.

Nach einem Kilometer erreichen wir eine Brücke, über die wir auf das andere Ufer wechseln. Die Schotterstraße führt später geradeaus ins Tal des Teufelsbachs und ins Arbergebiet. Wir jedoch biegen gleich wieder links und folgen dem Wasserlauf nun etwa zweieinhalb Kilometer bis Seebachschleife auf der rechten Seite. Dort halten wir uns links und laufen auf der geteerten Zufahrt Richtung B11. Kurz nach der Regenbrücke biegen wir nun rechts und wieder in den linksseitigen Uferweg ein.

Eine halbe Stunde wandern wir an Regenhütte vorbei. Der Flusswanderweg bleibt auf der linken Uferseite. Das letzte Teilstück des wurzeligen Uferpfads endet für uns nach einer weiteren halben Stunde an einer Regenbrücke. Hier steigen wir nach links über ihre Zufahrt Richtung Bundesstraße. Die Unterführung und die kommenden, geteerten Meter teilen wir uns mit Radfahrern, ehe wir im Schatten der mächtigen Eisenbahnbrücke die Straße Richtung Zwieselerwaldhaus überqueren. Parallel zur Bundesstraße folgen wir nun dem Weg bis zum Parkplatz des Nationalparkzentrums Falkenstein und dem Bahnhof Ludwigsthal. Von hier geht es per Waldbahn zurück nach Bayerisch Eisenstein.

Unten: Bayerischer Wald oder doch schon Kanada?

Nationalpark Falkenstein

Das Nationalparkzentrum Falkenstein liegt direkt am Bahnhof Ludwigsthal. Zentrales Thema der Ausstellung im Haus zur Wildnis ist das Entstehen des Urwaldes im Nationalpark: »Werden, Wachsen und Vergehen«. Inmitten eines großzügigen Außengeländes ist es vom Bahnhof in wenigen Gehminuten zu erreichen (www.nationalpark-bayerischer-wald.bayern.de).

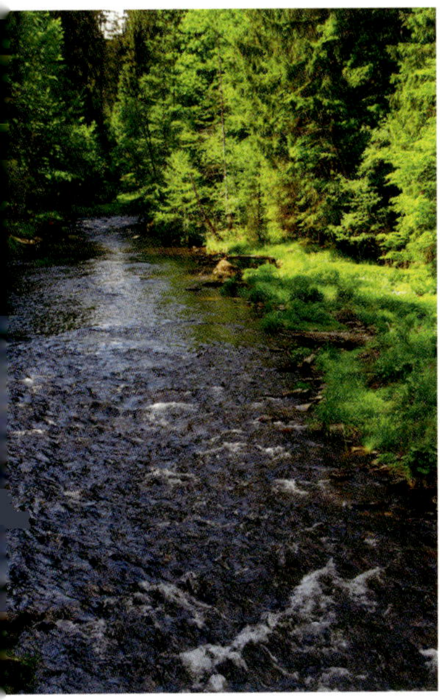

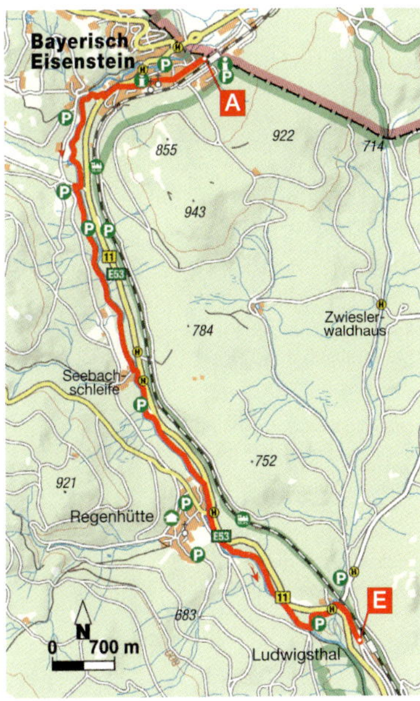

23 Zu den Stockauwiesen

Geschichtsträchtig ins Moorgebiet

mittel 8,8 km 204/193 Hm 3 Std.

Tourencharakter: Für gehgewohnte Wanderer einfache und einsame Rundwanderung mit überraschenden Aussichten.

Ausgangspunkt/Endpunkt: Zwiesel, Parkplatz am Langlaufzentrum

Höchster Punkt: Auf dem Weg (688 m)

Anfahrt: Auto: B85 nach Regen und auf B11 nach Zwiesel. Bus & Bahn: Mit der Bahn nach Deggendorf und weiter nach Zwiesel. Ab Bahnhof weiter mit dem Bus (Röckkellerstraße).

Einkehr: Keine Einkehr auf der Tour.

Karte: Kompass, Bayerischer Wald, 1:50 000, Nr. 198, Karte 2

Informationen: Touristinfo Zwiesel, Stadtplatz 27, 94227 Zwiesel, 09922/500 19 62, zwiesel@ferienregion-nationalpark.de, www.zwiesel.de

Vor den Toren Zwiesels »strandete« im Winter 1870 ein französischer Militärballon. Die Rundwanderung hinauf zum Moorgelände Stockauwiesen führt am Gedenkstein für dieses Ereignis vorbei und hält so manchen Ausblick auf Rachel und Grenzkamm bereit.

Wir beginnen am Parkplatz des Langlaufzentrums von Zwiesel in der Röckkellerstraße. Hinter dem Haus queren wir die Wiese hinauf zum Ahornweg, dem wir nach rechts folgen. Auf Teer laufen wir in Richtung eines kleinen Wäldchens, das wir auf Schotter durchqueren. Auf Teer geht es dann weiter zum Zwieseler Ortsteil Innenried. Links an der Straße erwartet uns eine kleine Kapelle und erst jetzt sehen wir, dass wir bis hierher einiges an Höhe gewonnen haben. Wir werden mit einem herrlichen Rundblick

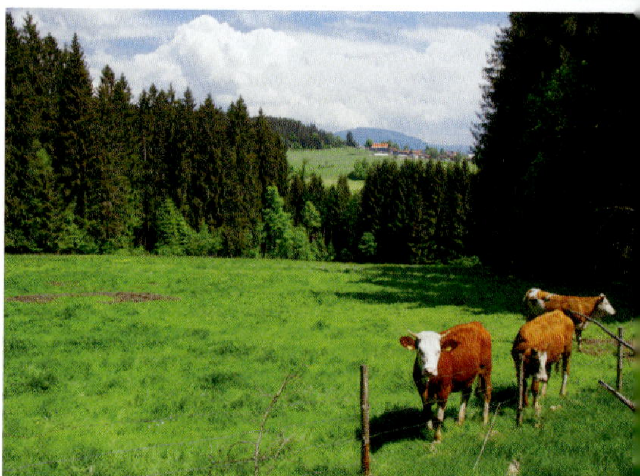

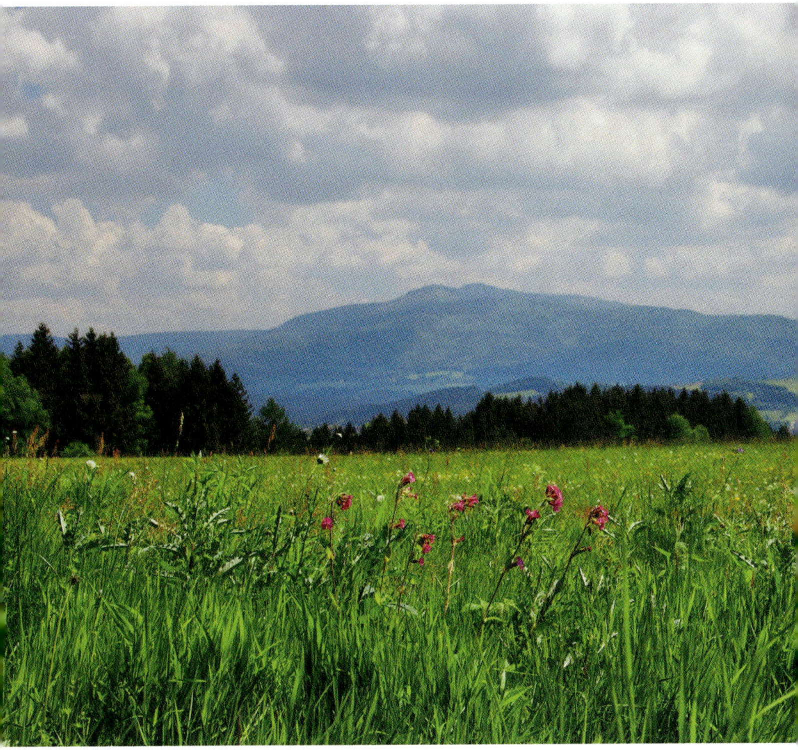

belohnt. Weiter geht es in einer Linkskurve am Feuerwehrhaus vorbei bergab. Ein kurzes Stück, nachdem rechter Hand ein Wald begonnen hat, biegen wir hier rechts hinein (Achtung, die Markierung ist leicht zu übersehen). Der Waldweg geht bergab und biegt schließlich links auf eine einsame Hütte ein. Kurz davor steigen wir einen schmalen Pfad zum Michelsbach ab, dem wir auf dieser Bachseite nach links folgen. Wir biegen rechts in eine schmale Zufahrt ein, von der wir nach dem nächsten Gebäude wieder nach rechts abzweigen. Vorher nehmen wir aber noch den

Aus dem Nationalpark grüßen Großer und Kleiner Rachel.

Linke Seite: Früher stand das Vieh noch auf den Hochalmen, den »Schachten«.

Abstecher zum Monte-Denkmal mit (ausgeschildert). Weiter geht es auf Schotter und unter dem hohen Bogen der Eisenbahnbrücke hindurch. Im Wald wird der Weg zunehmend steil und aus Schotter werden grobe Steinkugeln. Schließlich wird das Geläuf auf der Höhe einer Viehweide wieder besser. Nach einem weiteren Aufschwung erreichen wir eine Forststraße, die wir geradeaus überqueren. Der einfache Waldweg führt beinahe eben bis zu einem Holzladeplatz. Nach links eröffnet eine Wiese herrliche Ausblicke. Vor uns am Waldrand quert eine schmale Flurstraße. Im Schatten eines Feldkreuzes können wir auf einer Bank ein wenig rasten, ehe wir nach halbrechts den Waldweg Richtung Stockauwiesen nehmen, die wir in einer Viertelstunde erreicht haben. Geschützte Pflanzen wie Sonnentau, Wollgras oder Läusekraut, einige Quellen und die einsame Lage machen die Wiesen zu einem Naturjuwel. Am Waldrand laden Bänke zum Verweilen ein. Im Schatten der Bäume laufen wir die Wiese entlang bergauf. Ein sandiger Hohlweg führt uns in Richtung des höchsten Punktes unserer Wanderung. Zunächst folgen wir noch einem Schotterweg nach rechts, von dem wir nach weiteren 500 Metern nach links in einen Feldweg einbiegen. 200 Meter weiter öffnet sich nach links weitläufiges Ackerland. An seinem oberen Rand laufen wir nach links und folgen dem Weg am

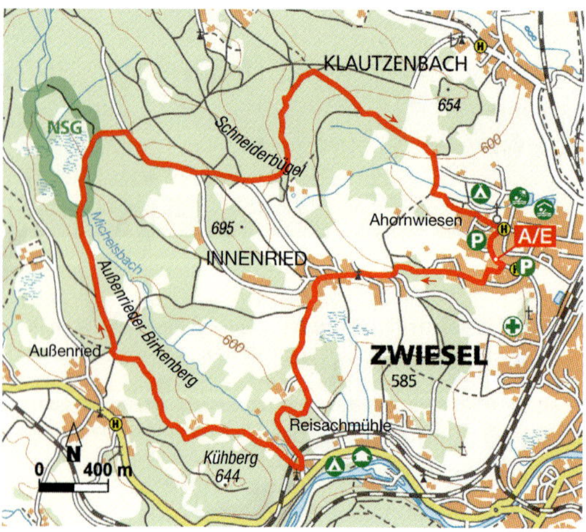

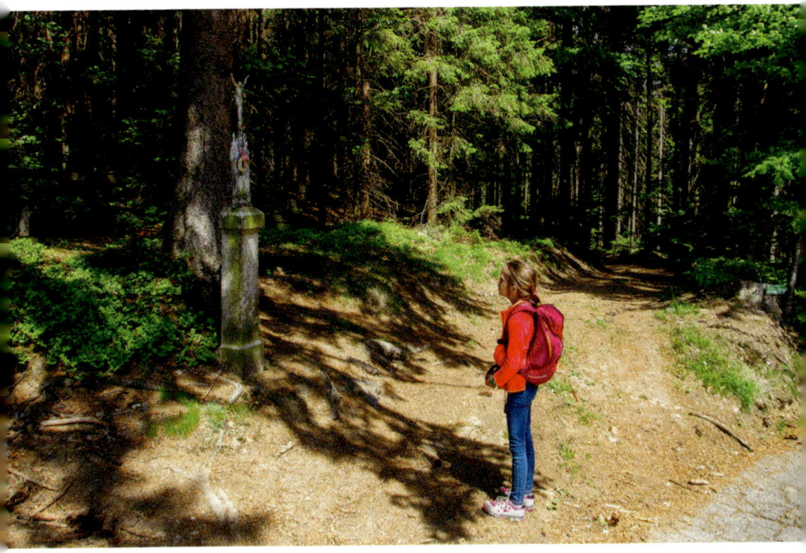

Mittelschwer und doch kinderleicht geht es weiter zu den Stockauwiesen.

Waldrand entlang. Weit über Zwiesel hinweg grüßen die Doppelgipfel von Großem und Kleinem Rachel. Wenn ein Feldweg kreuzt, um nach rechts Richtung Innenried abzufallen, laufen wir geradeaus weiter dem Waldrand folgend. Schließlich taucht auch unser Weg wieder in den bald lichten Wald ein. Nach zehn Minuten zweigen wir nach rechts und folgen dem sandigen Weg geradewegs ins Tal. Auf Höhe des Campingplatzes erreichen wir schließlich Innenried. Wir folgen der Karl-Herold-Straße und biegen nach rechts in die Röckkellerstraße ein. Nach einem kurzen, aber steilen Aufschwung haben wir den Parkplatz am Langlaufzentrum wieder erreicht.

Glasindustrie

Zwiesel ist das Zentrum der Glasindustrie im Bayerischen Wald. Die »Königlich-bayerisch privilegierte Kristallglasfabrik Theresienthal« belieferte einst den Bayerischen Königshof und den Zar von Russland. Das Museumsschlösschen Theresienthal hält eine weit über die Grenzen beachtete Sammlung von Objekten dieses Kunsthandwerks bereit (www.zwiesel.de).

24 Schwellhäuslrundweg

Zum Schutzhaus der Waldarbeiter

mittel	8,4 km	273 Hm	2.45 Std.

Tourencharakter: Längerer Anstieg ab Bayerisch Eisenstein und etwas kürzer nach dem Schwellhäusl.

Ausgangspunkt/Endpunkt: Bayerisch Eisenstein, Bahnhof

Höchster Punkt: Hochbergsattel (855 m)

Anfahrt: Auto: B11 nach Bayerisch Eisenstein. Bus & Bahn: Mit der Bahn nach Deggendorf, weiter mit der Waldbahn über Zwiesel nach Bayerisch Eisenstein.

Einkehr: Schwellhäusl (Weihnachten bis Ende Oktober tägl. 10–18 Uhr), www.schwellhaeusl.de

Karte: Kompass, Bayerischer Wald, 1:50 000, Nr. 198, Karte 2

Informationen: Touristinfo Bayerisch Eisenstein, Schulbergstraße 1, 94252 Bayerisch Eisenstein, 09925/94 03 16, info@bayerisch-eisenstein.de, www.bayerisch-eisenstein.de

Zwar hat der Weg dasselbe Ziel, ist aber doch etwas anspruchsvoller, als die Wanderung von Zwieslerwaldhaus aus (Tour 25). Das Schwellhäusl darf bei einem Besuch in der Region nicht fehlen. Einst war es Schutzhaus der Waldarbeiter, heute ist es idyllische Einkehr am See.

Wir folgen der Bahnhofstraße in Richtung Hauptstraße. Am Ende des Bahnhofsgeländes (Lokalbahnmuseum) zweigt nach links die Güterhallenstraße zum Wald hinauf. Hier kehren wir am Ende unserer Rundwanderung, auf der uns die Markierung »Bussard« begleitet, wieder zurück – zunächst aber

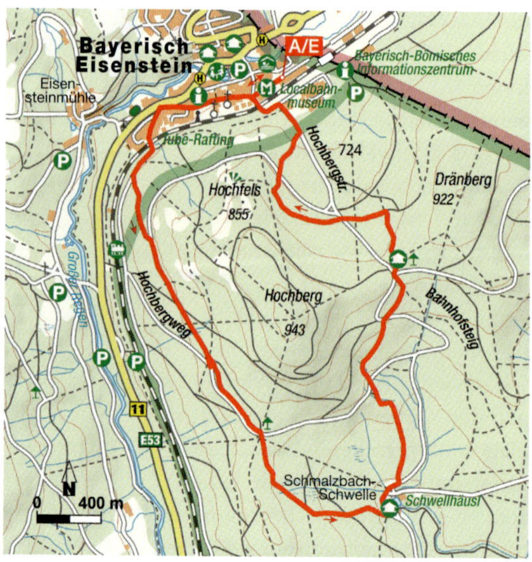

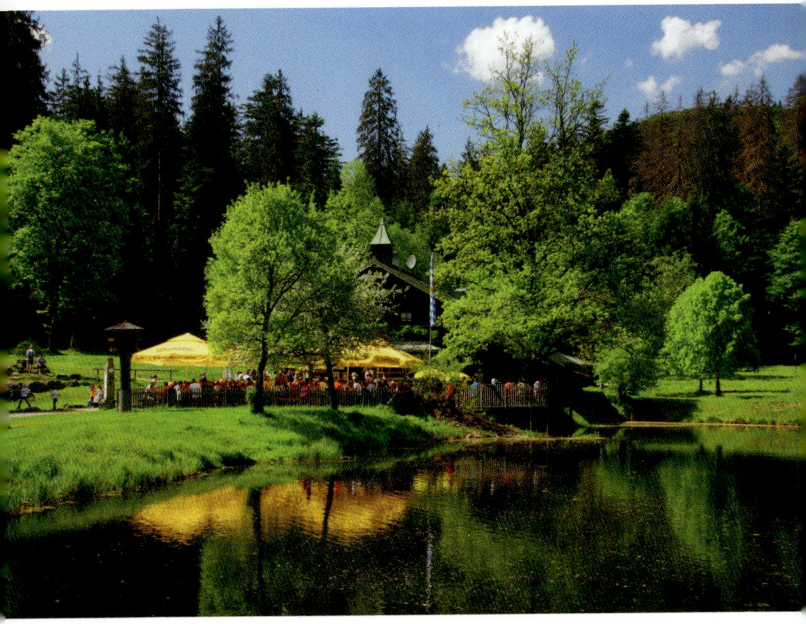

Spielplatz, Brotzeit und »Musi«: Unterhaltung für Groß und Klein am Schwellhäusl

geradeaus. Nach 600 Metern mündet die Bahnhofstraße in die Hauptstraße. Hier folgen wir der Hans-Watzlik-Straße zum Wald, überqueren nach den letzten Häusern die Eisenbahngleise und folgen danach dem Verlauf des Schotterweges nach rechts. Bereits nach 150 Metern laufen von links, also bergseitig, zwei Wege zusammen. Nach halblinks liegt nun der längste Anstieg vor uns. Sobald wir erneut eine Forststraße erreichen, folgen wir ihr nach rechts. In gleichmäßiger Steigung queren wir den Westhang des Hochbergs. So geht es eine Viertelstunde dahin, ehe wir

Trifter-Klause

Schon Ende des 18. Jahrhunderts wurde der Schmalzbach angestaut, um mit den Wassermassen das geschlagene Holz ins Tal zu schwemmen. Über die Jahre wurde die Anlage ausgebaut und für die Waldarbeiter eine Unterkunft bereitgestellt. Der Stammbaum der Wirtsfamilie ist schon seit über 125 Jahren mit der Trifter-Klause verbunden.

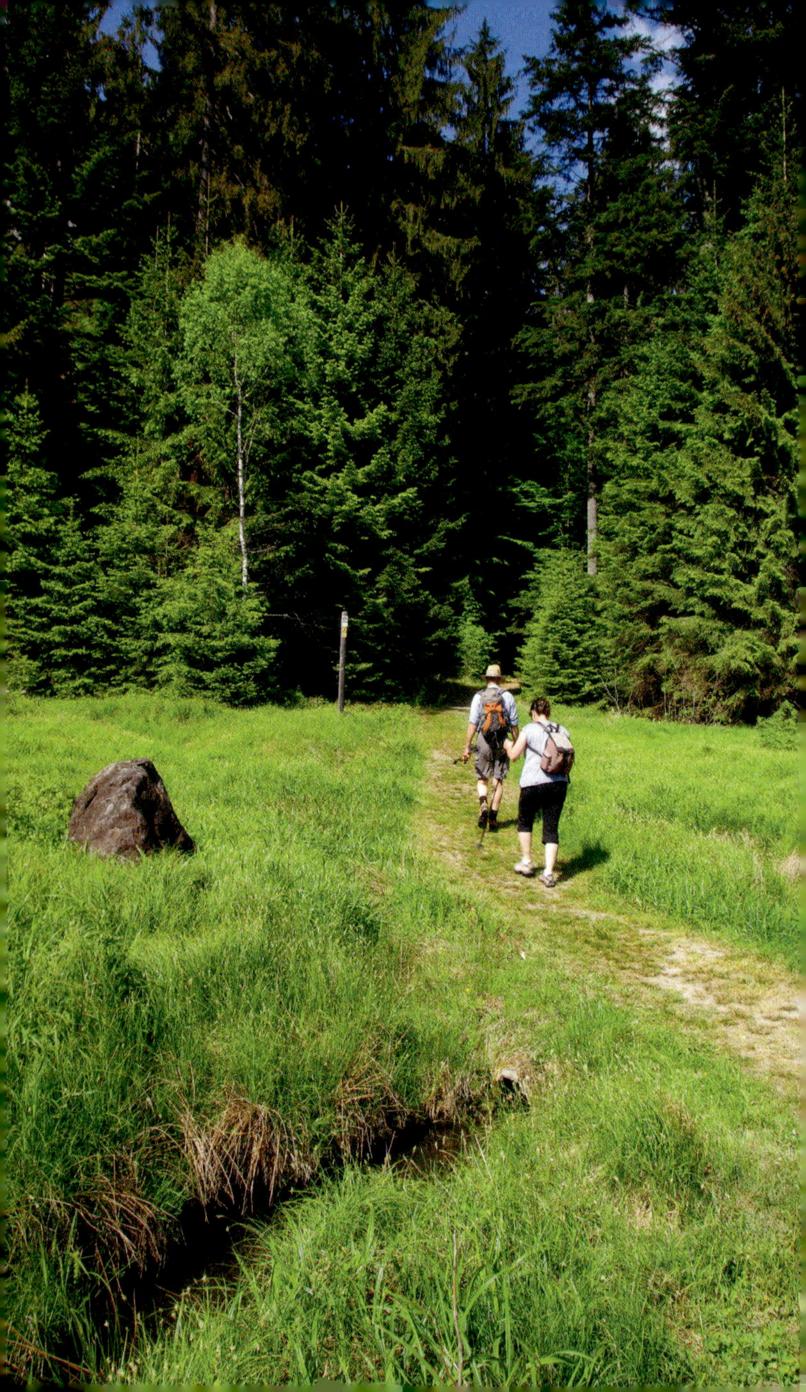

im spitzen Winkel, kurz vor dem Zusammentreffen zweier Forststraßen, nach links abzweigen. Bereits nach 50 Metern geht es wieder nach rechts. Nach diesem Zickzack führt der Pfad nun direkt zum Schwellhäusl. Die gelben Sonnenschirme, die im Biergarten Schatten spenden, leuchten uns durch den Mischwald entgegen. Hinter dem früheren Schutzhaus der Waldarbeiter ruht der künstliche Teich, dessen Wasser einst bei der Holztrift half. Nach der Einkehr verlassen wir das idyllische Schwellhäusl quasi durch die Hintertür. Auf der Rückseite des Hauses, wo die Wege »Bussard« und »Schwarzstorch« zusammentreffen, folgen wir dem Wiesenpfad, der vom Hauptweg zum Wald führt. Bergauf queren wir zweimal eine Forststraße und biegen hernach an der Gabelung links in den sogenannten Bahnhofsteig ein, über den wir in wenigen Minuten den Hochbergsattel erreichen. Kurz nach dem Unterstand biegen wir vom Schotterweg, der über den Sattel führt, nach rechts in den Waldweg. Dieser quert, nun bergab, abermals zweimal Forststraßen, um schließlich am Ortsrand von Bayerisch Eisenstein in die zu Beginn genannte Güterhallenstraße einzubiegen, der wir nach links bis zur Bahnhofstraße und dem Ausgangspunkt folgen.

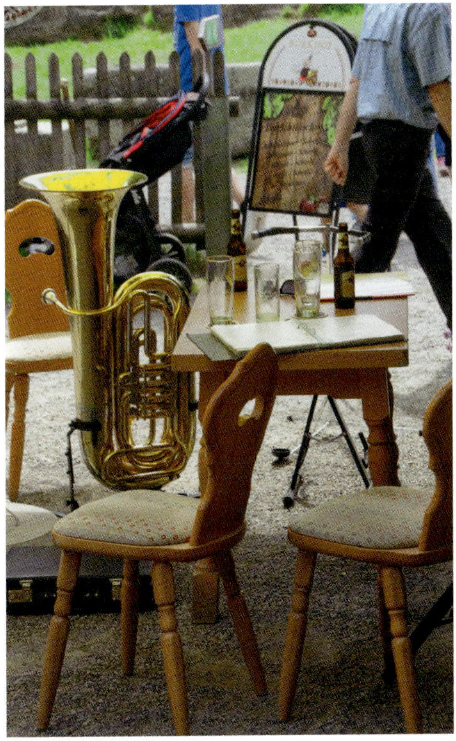

Jetzt macht die »Musi« Brotzeit.

Linke Seite: Letzter Anstieg zum Hochbergsattel, danach geht es nur noch bergab.

25 Zum Schwellhäusl

Familienwanderung im Urwald

leicht | 4,5 km | 70 Hm | 1.30 Std.

Tourencharakter: Einfacher Rundweg für alle Generationen.

Ausgangspunkt/Endpunkt: Zwieslerwaldhaus, Parkplatz Brechhäuslau

Höchster Punkt: Auf dem Weg (728 m)

Anfahrt: Auto: B11 über Zwiesel Richtung Bayerisch Eisenstein, kurz hinter Ludwigsthal Abzweigung nach Zwieslerwaldhaus. Bus & Bahn: Mit der Bahn nach Deggendorf, weiter mit der Waldbahn nach Zwiesel. Ab Bahnhof mit dem Bus nach Zwieselerwaldhaus.

Einkehr: Schwellhäusl, Weihnachten bis Ende Oktober tägl. 10–18 Uhr), www.schwellhaeusl.de

Karte: Kompass, Bayerischer Wald, 1:50 000, Nr. 198, Karte 2

Informationen: Touristinfo Bayerisch Eisenstein, Schulbergstraße 1, 94252 Bayerisch Eisenstein, 09925/94 03 16, info@bayerisch-eisenstein.de, www.bayerisch-eisenstein.de

Kühle Füße im Triftkanal und Waldwildnis im Hans-Watzlik-Hain: Die einfache Wanderung bietet Abwechslung und Kurzweil für Jung und Alt. Am Schwellhäusl trennen sich dann die Wege, die Alten zieht's in den schattigen Biergarten, die Jungen zum Spielplatz und zur Ponykoppel.

Vom Parkplatz Brechhäuslau laufen wir hinunter zur Brücke über die Große Deffernik. Auf der anderen Uferseite gabelt sich der Weg mehrfach. Wir laufen rechts an der Bank und dem Brunnen vorbei und folgen der Beschilderung »Schwarzstorch« Richtung Urwaldgebiet des sogenannten Hans-Watzlik-Hains. Der einfache Wanderweg führt zunächst leicht bergauf. An einer mächtigen Tanne führt dann ein schmaler Pfad in den Urwald, der parallel zu unserem Hauptweg verläuft. Wer mag, erlebt hier den sich überlassenen Urwald am Rande des Nationalparks. Nach einem halben Kilometer führen beide Wege wieder zusammen (vom Urwaldpfad links

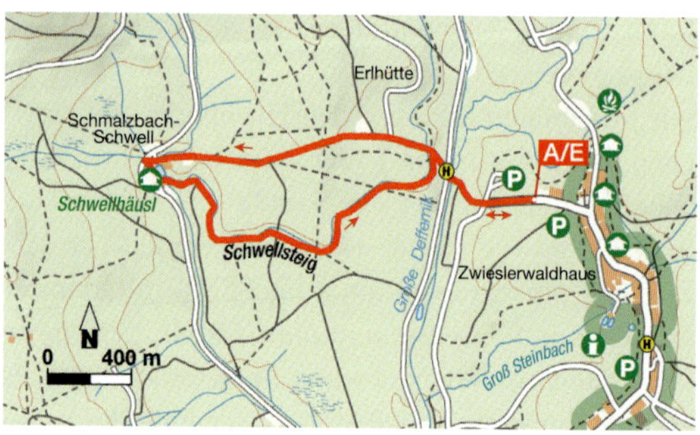

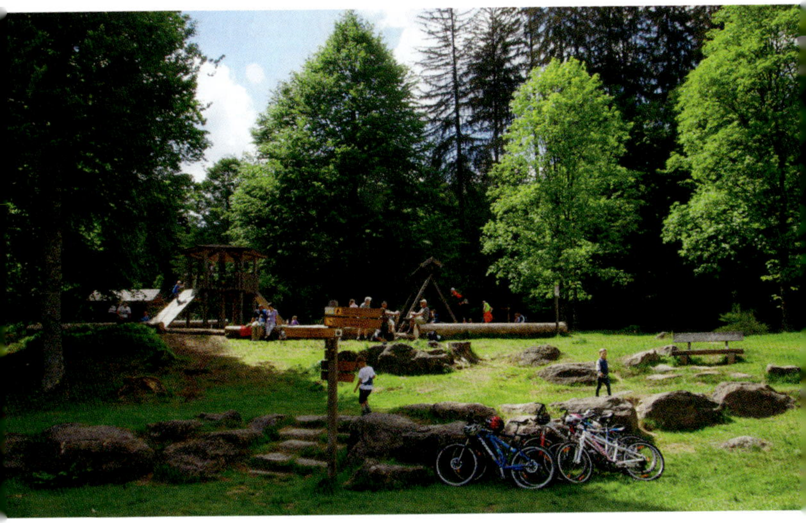

Die Kinder am Spielplatz – und die Eltern im Biergarten

einbiegen). Etwas mehr als einen Kilometer laufen wir dann wieder leicht bergab und erreichen schließlich das Schwellhäusl. Das ehemalige Schutzhaus für Waldarbeiter ist heute ein beliebtes Ausflugslokal. Brotzeit gibt's drinnen oder bei schönem Wetter draußen direkt am künstlichen Teich, der einst für die Holztrift gestaut wurde. Auf dem Rückweg verlassen wir das Schwellhäusl entlang des Biergartens und biegen nach der Felsensonnenuhr links ein. Über den Damm und die ehemalige Klause des Teichs laufen wir zum Wald. Ehe wir für den restlichen Rückweg eintauchen, lohnt sich ein letzter Blick zurück. Über den Teich hinweg spiegeln sich die leuchtend gelben Sonnenschirme im dunklen Wasser. Der Rückweg, der sogenannte Schwellsteig, folgt dem Kanal, der zum Füllen des Teichs angelegt wurde. Heute taugt er noch zum Kühlen heißer Wanderfüße. So gelangen wir an die Gabelung an der Deffernik und schließlich zum Parkplatz.

26 Zur Ruine Weißenstein

Hoch auf dem Pfahlfelsen

leicht | 3,8 km | 100 Hm | 1.15 Std.

Tourencharakter: Überwiegend einfache Feld- und Waldwege, kurzer verwurzelter Pfad unterhalb des Burgfelsens.

Ausgangspunkt/Endpunkt: Weißenstein, Parkplatz unterhalb der Burg

Höchster Punkt: Weißenstein (740 m)

Anfahrt: Auto: Auf der B11 oder B85 bis Regen, weiter auf der Rinchnacher Straße nach Weißenstein. Bus & Bahn: Mit der Waldbahn nach Regen und weiter mit dem Bus nach Weißenstein.

Einkehr: Burggasthof und Almwirt Weißenstein, www.burggasthof-weissenstein.eatbu.com, Weißenstein 32 und 121, 94209 Regen.

Karte: Kompass, Bayerischer Wald, 1:50 000, Nr. 198, Karte 2

Informationen: Touristinfo Regen, Schulgasse 2, 94209 Regen, 09921/604 82, tourist@regen.de, www.regen.de

Nur an wenigen Stellen ist der Quarzriegel des Pfahls sichtbar und an den wenigsten so prominent und spektakulär wie an der Ruine Weißenstein. Der Pfahllehrpfad erschließt das Natur- und Baudenkmal auf einem aussichtsreichen Wald- und Feldweg.

Wir laufen Richtung Weißensteiner Alm, lassen das ehemalige Wirtshaus rechts liegen und halten auf das Feuerwehrhaus zu. Wir laufen links daran vorbei und nehmen an der Gabelung am Waldrand den rechten Zweig (Markierungen »2/Blau« und »Pandurensteig«). Beinahe geradeaus, leicht abfallend auf der Schattenseite des Pfahls liegen zwei Kilometer Wegstrecke vor uns. Etwa bei der Hälfte führt ein Weg

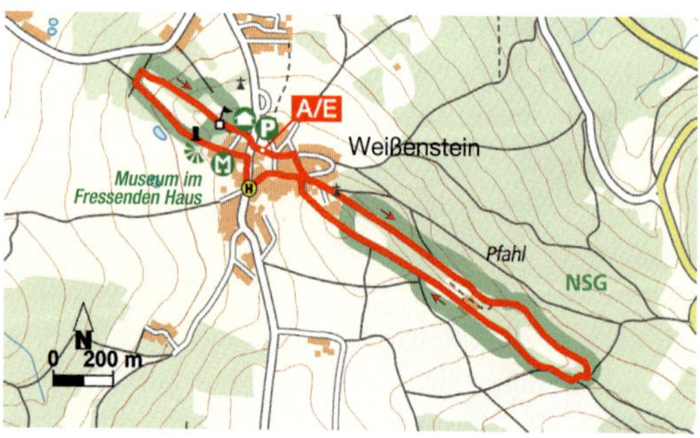

im spitzen Winkel nach rechts zum Pfahl hinauf. Wer mag, kann hier abkürzen. Wir machen jedoch die ganze Runde, deren Umkehrpunkt wir an einem Holzladeplatz am Waldrand erreichen. Hier folgen wir dem Feldweg nach rechts, überqueren ohne es zu

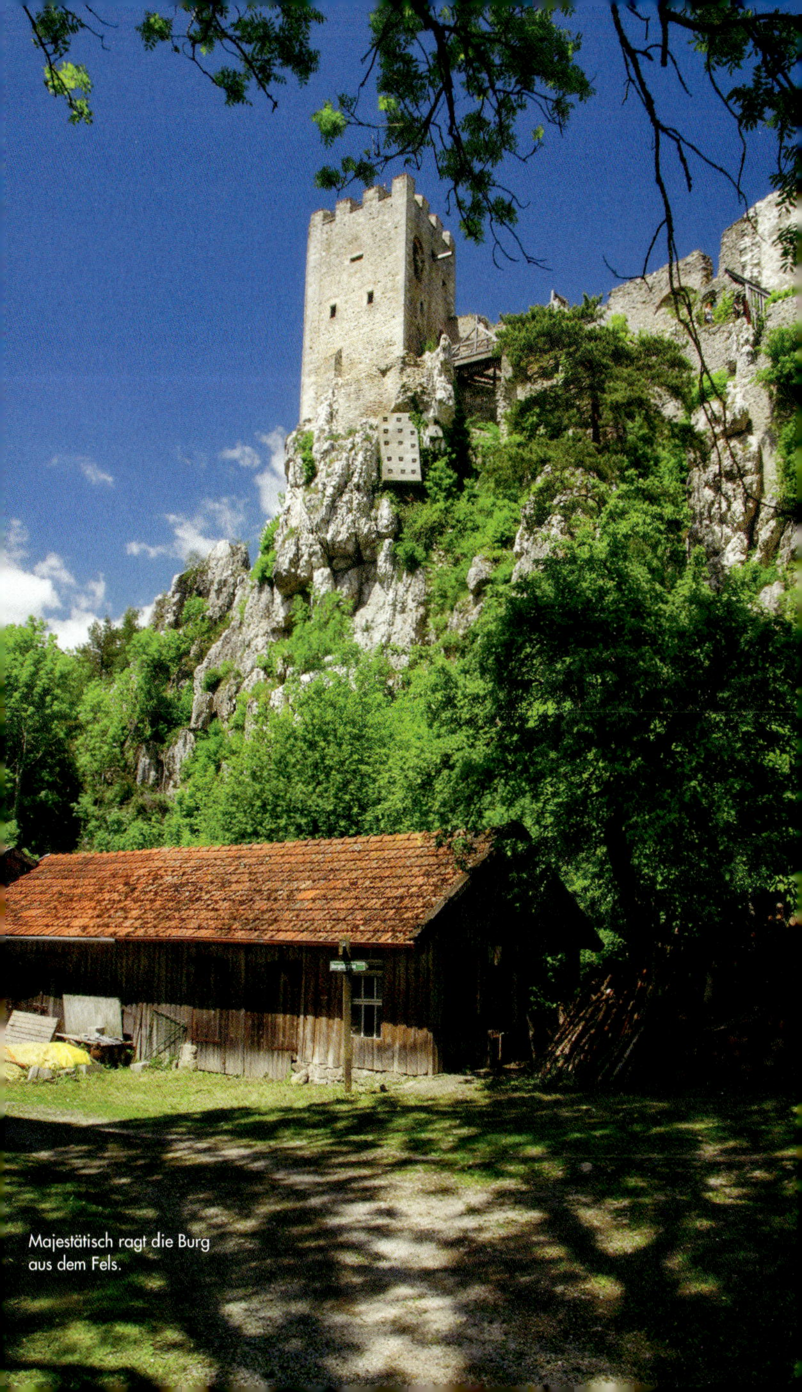
Majestätisch ragt die Burg
aus dem Fels.

Museumsbesuch

Im ehemaligen Getreidespeicher der Burg ist das Museum im Fressenden Haus untergebracht. Der eigenwillige Name geht auf den Dichter Siegfried von Vegesack zurück. Er hatte das Haus einst erworben und stöhnte sehr unter den Renovierungskosten. Zu sehen gibt es Vegesacks Dichterstube, der Welt größte private Schnupftabakdosensammlung und archäologische Fundstücke.

merken, den Pfahl und steigen bei nächster Gelegenheit wieder rechts bergauf. Während das zurückliegende Wegstück verwurzelt war, liegt nun ein herrlicher Feldweg vor uns. Von Birken und Kiefern, die den Felsriegel säumen, begleitet, laufen wir der Burgruine entgegen. Dort überqueren wir die Hauptstraße und folgen dem Feldweg (vorbei an einem ehemaligen Hotel). Über uns ragt der Felsriegel des Pfahls mit der Ruine darauf majestätisch in den Himmel. Da-

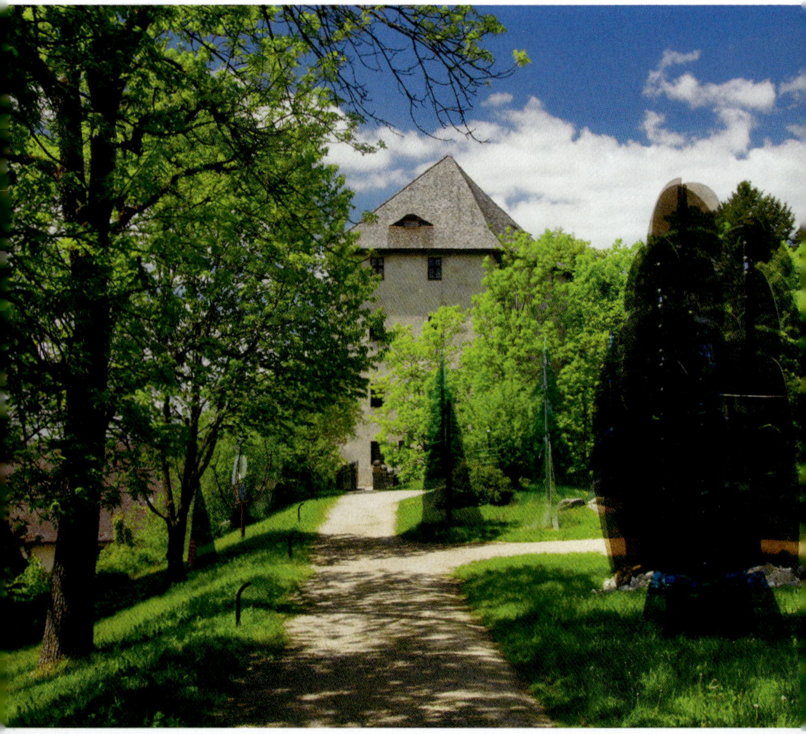

nach verschwindet der Weg im Fichtenwald und folgt in leichtem Gefälle dem Pfahl. Nach 300 Metern quert ein Forstweg, dem wir nach rechts folgen, um nach wenigen Metern wieder rechts einzubiegen. Nun baut sich der Pfahl baumhoch vor uns auf, zuvorderst der Kreuzfelsen, dem ein hohes Kreuz auf seinem höchsten Punkt den Namen gibt. Der Rundweg verläuft hier als schmaler Pfad über Wurzeln und höhere Tritte. So laufen wir dem Ausgangspunkt entgegen und damit der kleinen Feldkapelle links unterhalb des Parkplatzes, hinter der sich ein wunderschönes Panorama von Arber bis Rachel eröffnet.

Linke Seite: Durch den »Gläsernen Wald« geht es zum »Fressenden Haus«.

Wer Ruhe sucht, wird schon unweit der Burg fündig.

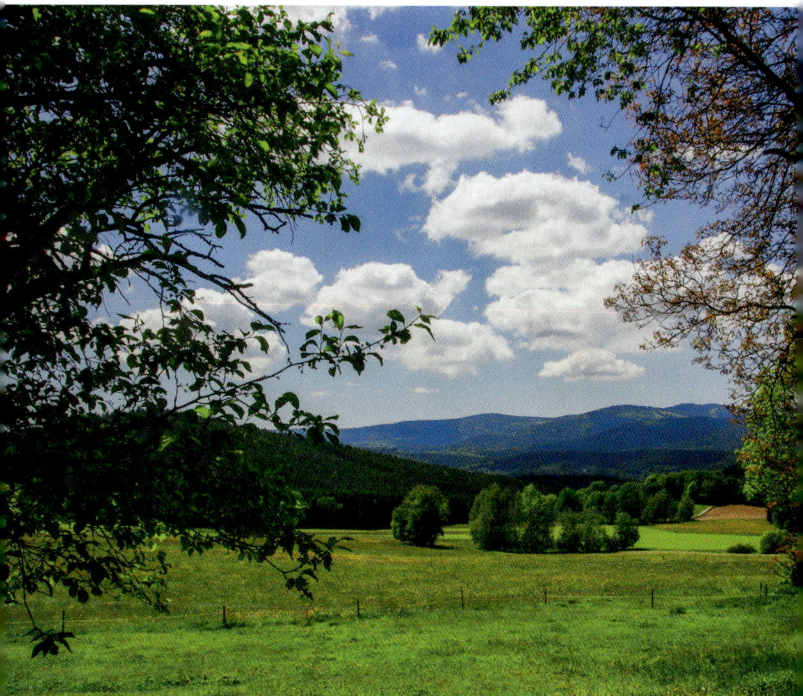

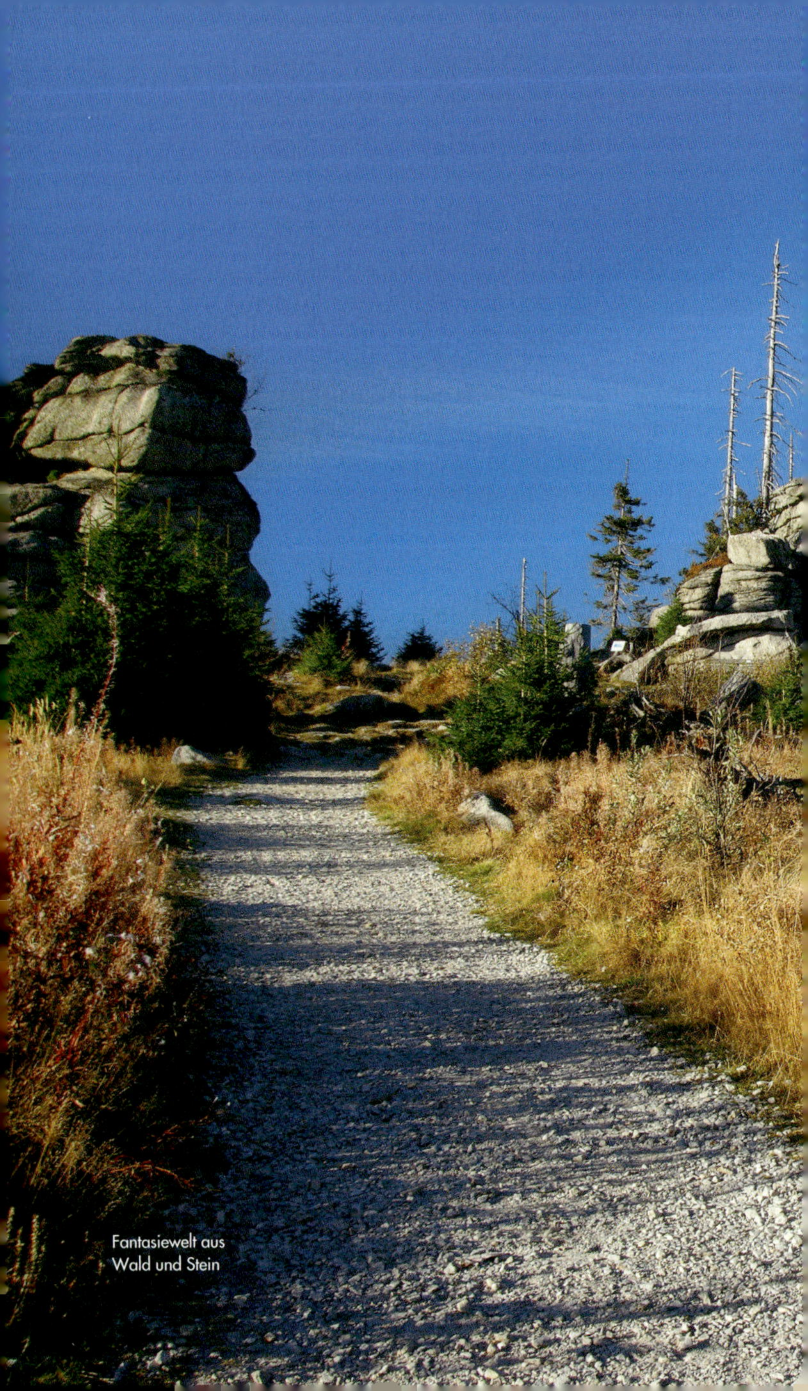

Fantasiewelt aus
Wald und Stein

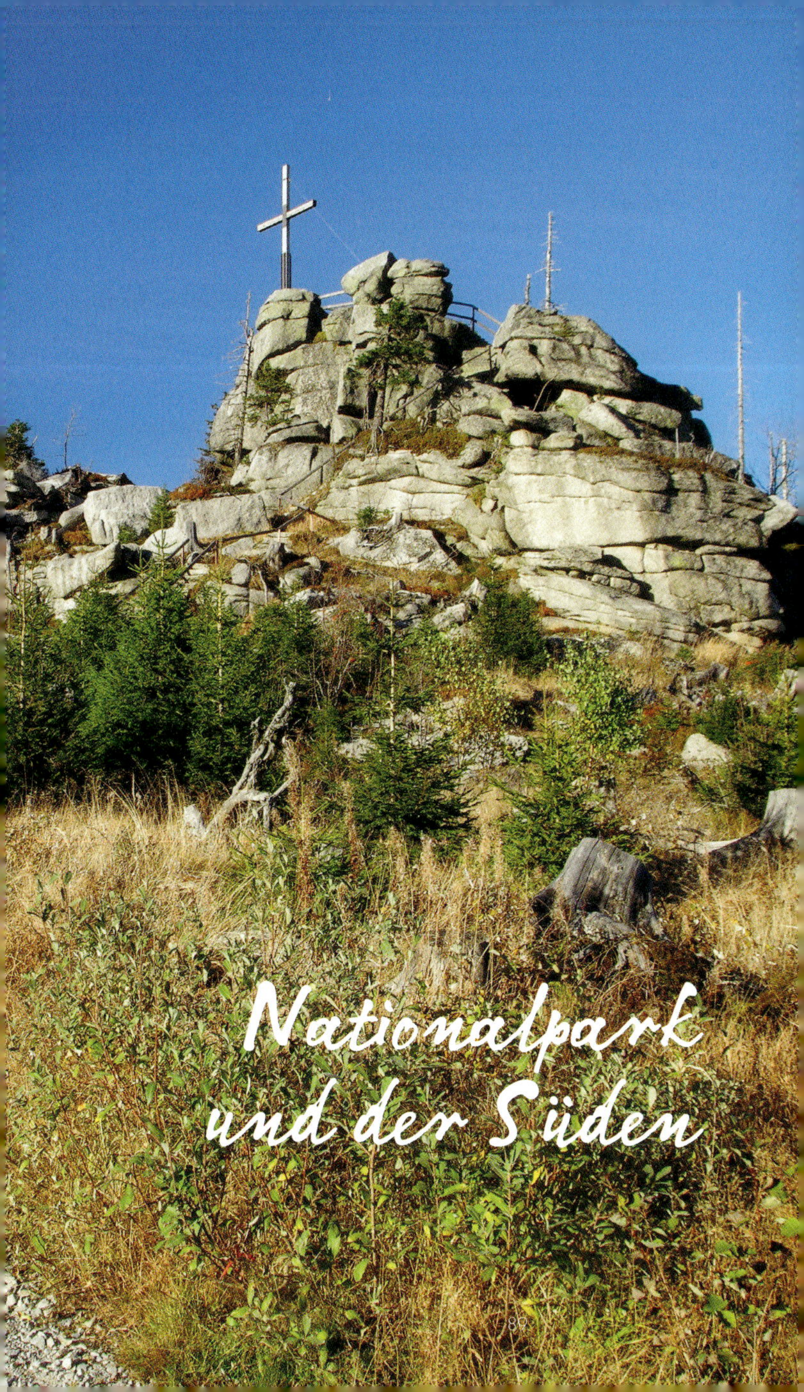

Nationalpark und der Süden

27 Auf den Großen Rachel

Einfach auf den höchsten Gipfel im Nationalpark

mittel	6,5 km	491 Hm	2.45 Std.

Tourencharakter: Breiter Forstweg auf einen Paradegipfel. Achtung: Höhenunterschied!

Ausgangspunkt/Endpunkt: Spiegelau, Parkplatz Gfäll

Höchster Punkt: Großer Rachel (1453 m)

Anfahrt: Auto: B85 bis Eppenschlag, weiter nach Spiegelau und zum Parkplatz an der Nationalpark-Infostelle Konrad-Wilsdorf-Straße. Nach 8 Uhr Durchfahrt nach Gfäll nur für Igelbusse erlaubt. Bus & Bahn: Mit der Bahn nach Spiegelau und weiter ab Nationalpark-Infostelle mit dem Igelbus.

Einkehr: Waldschmidthaus ist bis auf Weiteres wegen Renovierung geschlossen.

Karte: Kompass, Bayerischer Wald, 1:50 000, Nr. 198, Karte 3

Informationen: Touristinfo Spiegelau, Konrad-Wilsdorf-Straße 1, 94518 Spiegelau, 08553/96 00 17, www.spiegelau.de

Mit 1452 Metern ist er nur drei Meter niedriger als der Große Arber. Auf den Großen Rachel hilft uns allerdings keine Umlaufbahn. Den Gipfel müssen wir uns verdienen. Über den zwar schweißtreibenden, aber einfachen Zustieg von Gfäll öffnet er sich allen Wanderfreunden.

Am Parkplatz Gfäll (zwischen 8 und 18 Uhr nur mit dem Igelbus zu erreichen) folgen wir der Markierung »Auerhahn« mäßig steil auf schwarzem Schotter den Berg hinauf. Hoch stehen die Buchen und spenden kühlen Schatten. In drei weit gezogenen Serpentinen wandern wir so den Berg hinauf. Auf etwa 1300 Meter lichtet sich der Wald. Schuld daran waren Borkenkäfer und Windbruch. Graufahles Totholz ragt in den Himmel und liegt umher. Jedenfalls haben wir freien Blick nach Süden und Westen in die Hügel des südlichen und vorderen Bayerischen Waldes. Der Schotterweg flacht nun etwas ab und durch die Baumstangen hindurch ist bald das rotleuchtende Dach des Waldschmidthauses zu erkennen, benannt nach dem Bayerwalddichter Maximilian Schmidt aus Eschlkam. Wenn wir die Abzweigung zum Klingenbrunner Rachelsteig passiert haben, haben wir auch gleich die Hütte erreicht. Wir laufen an ihr vorbei. Der Wegweiser kündigt den Gipfel in einer Viertelstunde an. Über Stufen im steinigen Untergrund erreichen wir zunächst die Bergwachthütte. Dahinter folgt dann gleich der felsige Gipfelaufbau. Bei Nässe nehmen wir den glatt getretenen Stein mit nötiger Vorsicht. Hinter dem Gipfelkreuz breitet sich das

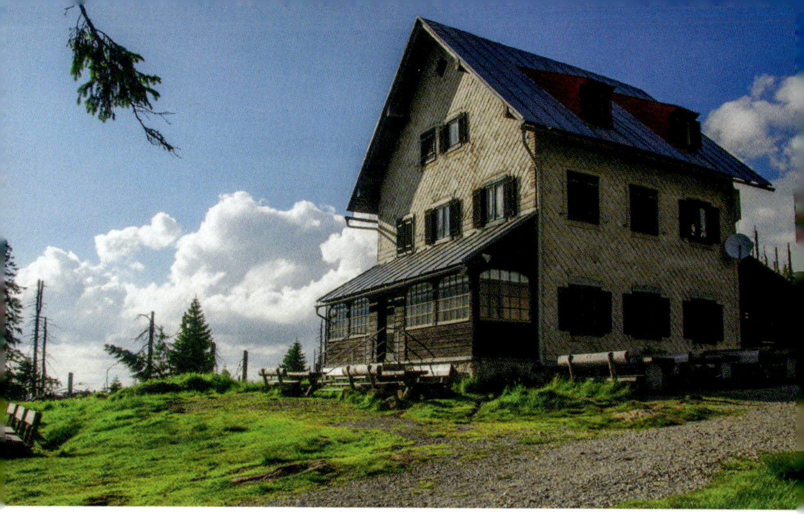

schier unendliche Grün des Böhmerwaldes aus und diesseits der Grenze grüßen Arber und den Kamm entlang der markante Lusengipfel. Wenn wir uns nach der Gipfelrast auf den Rückweg machen, biegen wir auf Höhe des Waldschmidthauses für einen kurzen Abstecher nach links zum Rachelseeblick. Wie ein

Basislager Waldschmidthaus: Zum Gipfel sind es nur noch 15 Minuten.

Anreise mit dem Igelbus

Der Igelbus fährt den Ausgangspunkt in Gfäll von der Nationalpark-Infostelle Spiegelau aus an. Wer unabhängig sein will, muss früh aufstehen. Die Zufahrt mit dem privaten PKW ist nur vor 8 Uhr morgens erlaubt. Das ist aber nicht wirklich nötig: Die Igelbusse verkehren von Mitte Mai bis Ende Oktober beinahe im Halbstundentakt.

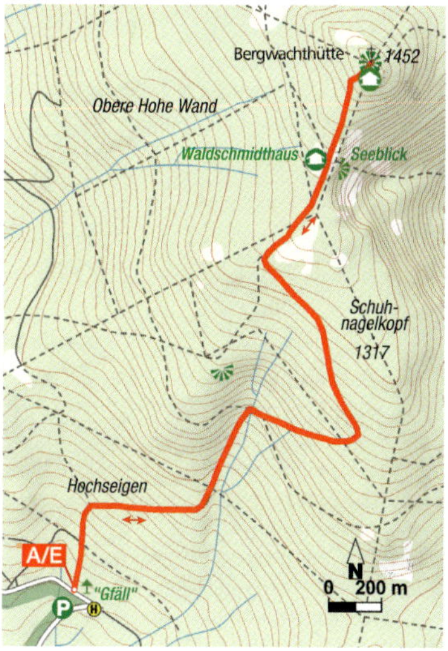

moorschwarzes Auge liegt es da, umgeben vom satten Grün des Nationalparkwaldes. Ins Tal geht es schließlich auf dem selben Weg wieder zurück.

28 Durch Klosterfilz und Großen Filz

Im Zeichen der Kreuzotter

mittel | 11,6 km | 80 Hm | 3.30 Std.

Tourencharakter: Rundwanderung durch das Hochmoor stellenweise auf Bohlenwegen.

Ausgangspunkt/Endpunkt: Parkplatz Diensthüttenstraße

Höchster Punkt: Auf dem Weg (809 m)

Anfahrt: Auto: B85 bis Eppenschlag, weiter nach Spiegelau und auf der Nationalparkstraße bis zum Parkplatz. Bus & Bahn: Mit der Bahn nach Deggendorf, weiter mit der Waldbahn nach Spiegelau. Ab Bahnhof mit dem Bus Diensthüttenstraße.

Einkehr: Keine Einkehr auf der Tour.

Karte: Kompass, Bayerischer Wald, 1:50 000, Nr. 198, Karte 3

Informationen: Touristinfo St. Oswald-Riedlhütte, Schulplatz 2, 94566 Riedlhütte, 08553/60 83, sankt-oswald-riedlhuette@ferienregion-nationalpark.de, www.sankt-oswald-riedlhuette.com

Auch wenn es die Markierung des Rundweges – eine Kreuzotter – durch Klosterfilz und Großen Filz verspricht: Wir werden das scheue Reptil kaum zu Gesicht bekommen. Dagegen ist der Gesang von Buchfink bis Eichelhäher ständiger Begleiter. Und auch der Biber modelliert den Moorwald.

Vom Parkplatz (Igelbus-Haltestelle) an der Diensthüttenstraße folgen wir dem Waldweg (Markierung »Kreuzotter«) links parallel zur Nationalparkstraße. Im lichten, von Totholz durchzogenen Wald strömt uns bald die Große Ohe entgegen, die wir an einem festen Steg überqueren. Links etwas abseits des Weges wartet ein Rastplatz direkt am Ufer auf Wanderer. Jenseits des Flusses steigt der Pfad leicht an und er-

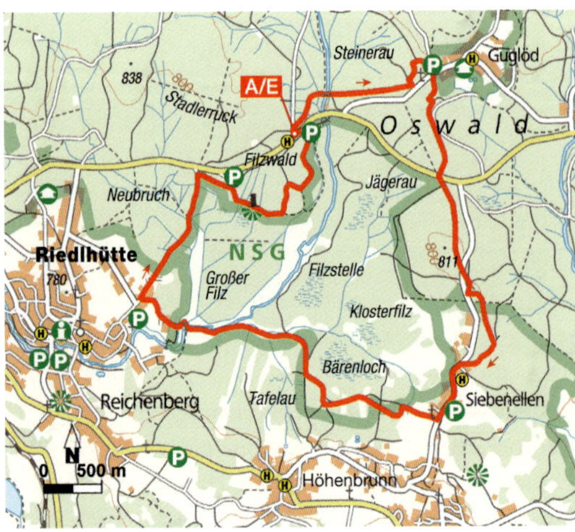

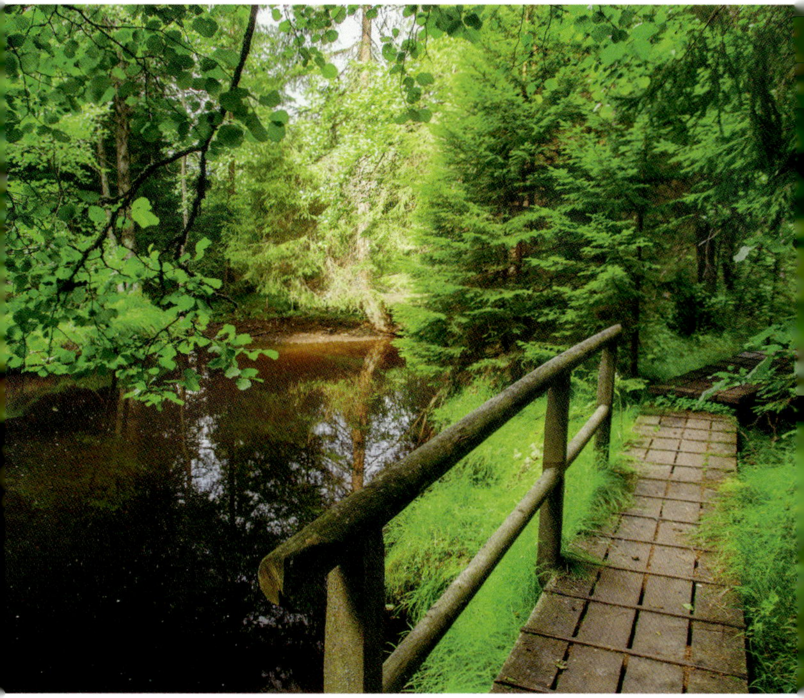

Die Farben von Wald und Moor: die Große Ohe

reicht am Rand des Bergwaldes, kurz vor Guglöd, einen Waldspielplatz. Dort folgen wir der Zufahrt nach rechts, überqueren eine schmale Straße und tauchen gegenüber wieder in den Mischwald ein. Der Pfad verläuft zunächst weich und eben über Laub. Wenig später kann es in einem kurzen Abstieg über bemooste Granitstufen etwas rutschig werden. Danach geht es wieder einfach unter dichten Laubkronen weiter. In leichtem Auf und Ab trifft der Waldweg auf die Nationalparkstraße, die wir überqueren, um gegenüber auf einem Schotterweg leicht ansteigend geradeaus weiterzuwandern. Nach einem Kilometer kreuzen wir eine Landstraße, folgen ihr linker

Hand und münden am Waldrand kurz vor dem Weiler Siebenellen wieder auf die Straße ein. Nach 500 Metern, kurz nach dem ehemaligen Gasthaus Zum Klosterfilz, zweigt der Weg vom Teer nach rechts in einen Schotterweg ab. Wir queren eine Feuchtwiese und folgen dem dann recht sandigen Weg durch den Wald. Zunächst steigen wir hier leicht an, ehe wir nach den Wolfsfallen (Infotafel) zum Großen Filz absteigen. Die Abzweigung dort ist nicht zu übersehen. Gegenüber einer Rastbank laufen wir nach links auf Holzbohlen weiter. Und wer hätte es gedacht, nicht nur die Hochmoorvegetation begleitet unseren idyllischen Weg, auch der Lusen grüßt herunter. Am Ende des Steges erreichen wir die Ohe, die sich hier breit und zahm den Weg in den Filz sucht. Der Wiesenweg folgt dem linken Ufer, um an einer Schleuse auf die andere Seite zu wechseln. Von rechts mündet hier ein Triftkanal in den Fluss. Er wurde im 19. Jahrhundert für den Holztransport angelegt und durchzieht den Filz wie mit dem Lineal gezogen. Von hier ist es nur noch ein Katzensprung nach Riedlhütte, das wir am Ortsrand direkt am Sportplatz erreichen. Hier biegen wir rechts ein und teilen uns den Schotterweg

Treppen zu einem Märchenschloss?

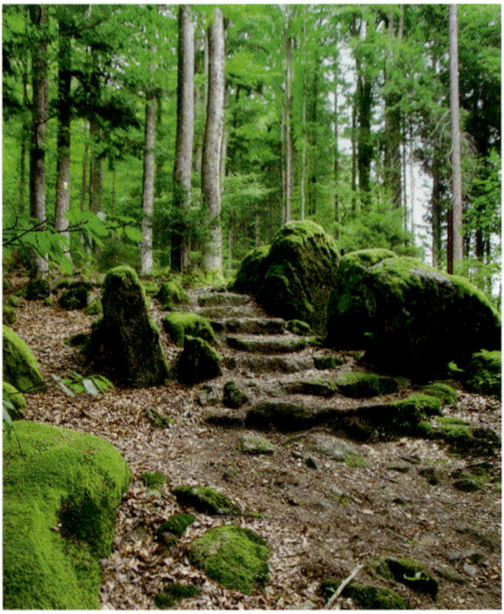

Baumwipfelpfad

Nicht weit vom Filz ragt das Holzei des Baumwipfelpfades beim Nationalparkzentrum Lusen aus dem Wald. Der barrierefreie Rundgang schraubt sich weit über die Baumwipfel und schenkt uns einen herrlichen Blick auf den grünen Schleier, der den Grenzkamm im Nationalpark überzieht (www.baumwipfelpfad.bayern).

zunächst mit der Mountainbikeroute. Nach etwa eineinhalb Kilometern, auf Höhe des Parkplatzes an der Nationalparkstraße links oberhalb, verlassen wir die Schotterstraße wieder und biegen nach rechts in

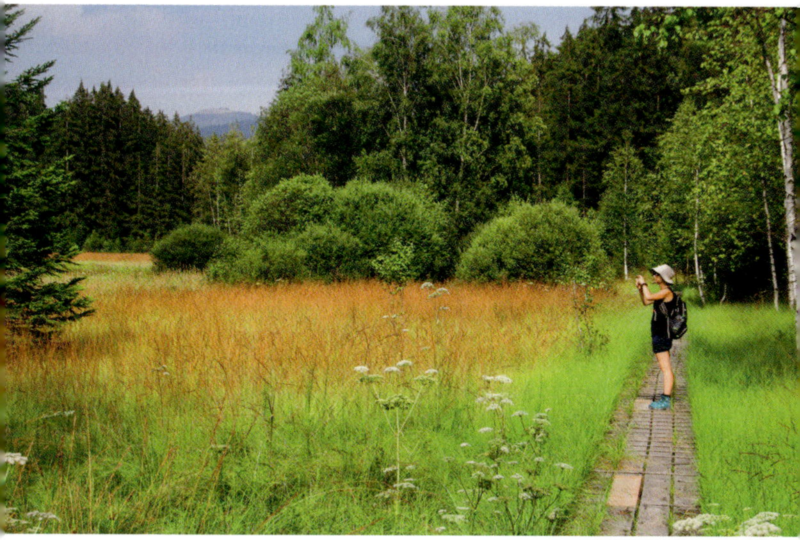

den engen Pfad ein, der wenig später auf Bohlen den Großen Filz durchzieht. Nach dem Steg schlängelt sich der Pfad schmal durch den dichten Filzwald, und unsere Rundwanderung neigt sich langsam dem Ende. Eine Kreuzotter werden wir vermutlich nur auf der Markierungstafel zu Gesicht bekommen, doch durchwandern wir auf diesem Rundweg ihren Lebensraum. Ebenso wenig ist die Fotofalle, an der wir noch vorbeikommen, für uns gedacht. Sie soll die Bewegung von Luchs und anderen Wildtieren im Wald dokumentieren. Wenig später erreichen wir wieder den Ausgangspunkt an der Nationalparkstraße, die wir nur noch überqueren müssen.

Auf Bohlenstegen durchs Filz

29 Zum Lusenschutzhaus

Des Teufels Schatzkammer

leicht | 4,5 km | 265 Hm | 1.30 Std.

Tourencharakter: Einfacher Waldweg auf einen Klassiker. Vorsicht im Gipfelbereich!

Ausgangspunkt/Endpunkt: Wanderparkplatz Waldhausreibe

Höchster Punkt: Lusenschutzhaus (1343 m), Lusengipfel (1373 m)

Anfahrt: Auto: Auf B85 bis Eppenschlag, weiter nach Spiegelau und auf Nationalparkstraße Richtung Mauth. Links Bergstraße nach Waldhäuser. Bahn: Mit der Waldbahn nach Grafenau, weiter mit dem Lusenbus über Waldhäuser

Einkehr: Lusenschutzhaus (Übernachtungsmöglichkeit, 9-/4-/3-Bett-Zimmer), Bergtelefon: 08553/12 12, Taltelefon: 0171/833 94 83, heinz@lusenwirt.de

Karte: Kompass, Bayerischer Wald, 1:50 000, Nr. 198, Karte 3

Informationen: Touristinfo Neuschönau, Kaiserstraße 13, 94556 Neuschönau, 08558/96 03 28, info@neuschoenau.de, www.neuschoenau.de

Der Sage nach trug der Teufel einst alle Schätze der Welt zu einem Haufen zusammen und deckte sie mit einem Stein zu. Wem der Lusen bei Sonnenuntergang entgegenglänzt, der ist versucht zu glauben, dass unter dem Kegel aus Granitschutt reines Gold schimmert.

Kaum zu glauben, dass dieser Paradeberg des Bayerischen Waldes auf einem einfachen Waldweg zu erwandern ist – so einfach, dass der Weg im Winter gewalzt und auch als Naturrodelbahn genutzt wird (weshalb er auch der »Winterweg« ist). Ausgangspunkt ist der Parkplatz Waldhausreibe eineinhalb Kilometer hinter Waldhäuser, den wir in den Sommermonaten nur vor 9 Uhr mit dem PKW ansteuern dürfen. Danach verkehrt der Lusenbus. Zu Fuß ist dieses geteerte Teilstück zwar einfach, aber nicht sonderlich reizvoll. Zudem zieht sich der Anstieg in der

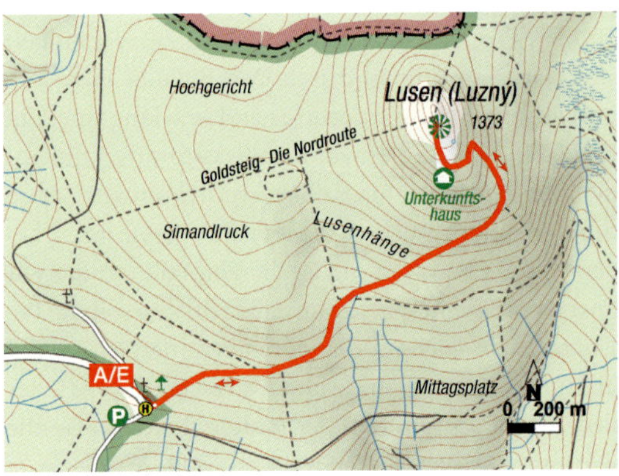

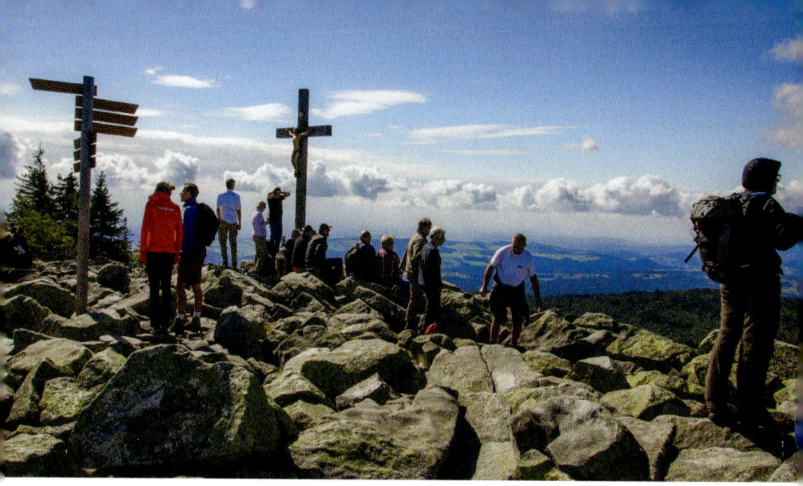

zweiten Weghälfte bis zum Parkplatz Waldhausreibe. Der eigentliche Anstieg auf weichem Waldboden ist dann deutlich angenehmer. Los geht es auf dem breiten Weg links hinauf hinter einer kleinen Schutzhütte. Die Steigung bleibt beinahe den gesamten Weg gleichmäßig. Wenn nach rechts neben einer Infotafel (mit Rastbank) der schmale Pfad zum »Tummelplatz« abzweigt, haben wir es fast geschafft. Vor uns liegt bald eine spitze Kurve, in der der Schotterweg doch ausgeapert und steil ist. Doch zum Trost ist das Lusenschutzhaus schon in Sicht. Die Hütte ist eine der wenigen im Bayerischen Wald, in der auch übernachtet werden kann. Lässt man das Schutzhaus rechts liegen, beginnt schon bald der Zustieg auf den sagenumwobenen Schuttkegel. Den flachen Gipfelbereich ziert ein stattliches Gipfelkreuz. Doch Vorsicht: Die Spalten zwischen den Granitblökken verzeihen keinen Fehltritt. Nach dem Panorama über Böhmerwald und Nationalpark kehren wir auf dem Anstiegsweg zurück ins Tal.

Im richtigen Licht wird aus dem Gipfelgranit des Teufels Goldschatz.

An der Glasarche

Vom Parkplatz Waldhausreibe führt in einer Viertelstunde und beinahe eben ein Weg zur Glasarche. Am Beginn des schweren Sommerweges auf den Lusen ruht das Kunstwerk als grenzüberschreitende Arbeit von deutschen und tschechischen Künstlern in einer riesigen Hand aus Holz.

30 Auf den Siebensteinkopf

Aussichtsberg im Talschluss von Finsterau

mittel	4,3 km	157 Hm	2 Std.

Tourencharakter: Einfacher Waldweg im Aufstieg, der Pfad im Abstieg ist bis zur Gabelung mitunter stufig und steil.

Ausgangspunkt/Endpunkt: Wanderparkplatz Wistlberg

Höchster Punkt: Siebensteinkopf (1263 m)

Anfahrt: Auto: A3 Ausfahrt Hengersberg auf der B533 oder ab Passau auf der B12 nach Freyung und über Mauth nach Finsterau. Auf der Buchwaldstraße zum Parkplatz Wistlberg (Bushaltestelle). Bus & Bahn: Mit der Bahn nach Deggendorf und weiter mit der Waldbahn nach Spiegelau. Ab dem Bahnhof mit dem Finsteraubus zur Haltestelle Schwellgraben.

Einkehr: Keine auf dem Weg.

Karte: Kompass, Bayerischer Wald, 1:50 000, Nr. 198, Karte 3

Informationen: Touristinfo Mauth-Finsterau, Mühlweg 2, 94151 Mauth, 08557/97 38 38, mauth-finsterau@ferienregion-nationalpark.de, www.gemeinde-mauth.de

Eine Runde, bei der einem das Herz aufgeht: In der Reschbachklause spiegelt sich der junge Bergwald, hohes Gras wiegt sich im Wind am Gipfelhang und von oben lockt eine Aussicht vom Lusen bis zum Dreisessel. Dabei ist die Sonne häufig ständiger Begleiter.

Der Igelbus bringt uns zur Haltestelle Schwellgraben. Am Ende des Parkplatzes verläuft der Weg (Markierung »Sperlingskauz«) zunächst entlang des Schwellgrabens, der mit dem Wasser des Reschbachs noch weitere Klausen im Talschluss jenseits von Finsterau versorgt. Beinahe eben, jedoch schmal und etwas verwurzelt, laufen wir gemütlich an dem künstlich angelegten Wasserweg entlang, bis wir nach etwa 600 Metern an einer Schleuse an den eigentlichen Wildbach gelangen. Wir wechseln auf das linke Ufer und steigen zur Reschbachklause auf. Links etwas oberhalb des Weges bietet ein Unterstand Schlechtwetterschutz. Gegenüber, am anderen Ende des Damms, lädt eine Sitzgruppe zur Rast (Infotafel). Daneben folgen wir dann dem Steig bergauf. Er führt einen knappen Kilometer über Wurzeln und Stufen Richtung Grenze. Der Weg flacht mit zunehmender Höhe ab. Nach einer halben Stunde markiert linker Hand ein kleines Wäldchen den Grenzverlauf (weiße Stangen). 100 Meter geht es entlang des dichten Nadelzauns, ehe wir an einer Gabelung rechts abzweigen und zum höchsten Punkt aufsteigen. Vom Siebensteinkopf blicken wir aus dem Tal hinaus ins Passauer Land. Rechts grüßt der Lusen, nach links bedeckt dichter

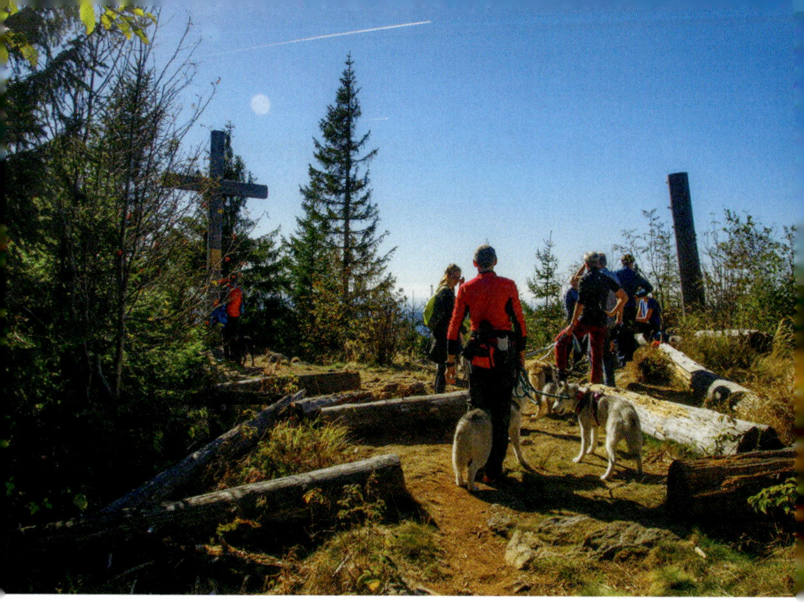

Wald die Aussicht bis zum Dreisesselmassiv. In Richtung der Aussicht geht es dann zunächst steil im stufigen Zickzack, begleitet vom herrlichen Panorama, hinunter. An der folgenden Gabelung biegen wir rechts ab und queren den Südhang des Siebensteins zunächst ohne Höhenverlust, ehe wir nach links biegen und einfach zum Ausgangspunkt absteigen.

Vom Gipfel schweift der Blick vom Lusen bis zum Plöckenstein.

Freilichtmuseum

Im Freilichtmuseum von Finsterau wird uns das dörfliche Leben von einst vor Augen geführt: Handwerk, Bauernhäuser und Bauerngärten, Dorfschmiede und Kapelle und natürlich das Wirtshaus. Neben der Dauerausstellung ist es lohnenswert, sich nach aktuellen Sonderausstellungen zu erkundigen (www.freilichtmuseum.de).

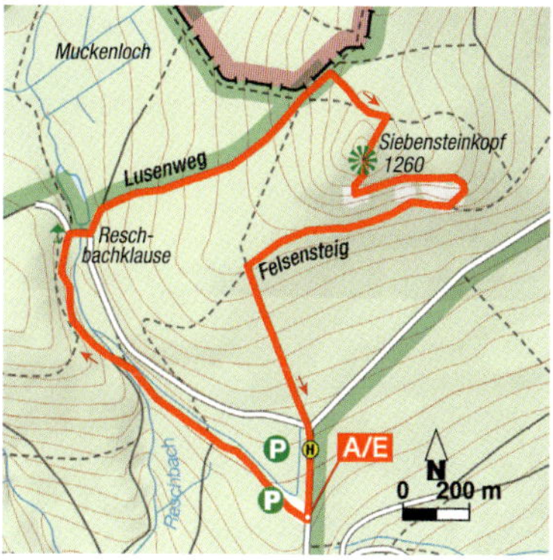

31 Zum Wackelstein

Auf dem Spielplatz der Riesen

leicht | 5 km | 148 Hm | 1.45 Std.

Tourencharakter: Der einfache Anstieg wechselt unterhalb des Wackelsteins für ein Stück in einen Wurzelpfad mit steilen Felsstufen.

Ausgangspunkt/Endpunkt: Erlau, Wanderparkplatz an der Landstraße

Höchster Punkt: Wackelstein (615 m)

Anfahrt: Auto: A3 Ausfahrt Iggensbach und über Schöllnach und Zenting Richtung Saldenburg. Der Parkplatz liegt an der Abzweigung nach Thurmansbang. Bus & Bahn: Keine Anfahrt.

Einkehr: Keine Einkehr am Weg.

Karte: Kompass, Bayerischer Wald, 1:50 000, Nr. 198, Karte 3

Informationen: Touristinfo Thurmansbang, Schulstraße 5, 94169 Thurmansbang, 08504/16 42, info@thurmansbang.de, www.thurmansbang.de

Über Jahrtausende hinweg haben die Naturgewalten den Granit zu bizarren Formen ausgewaschen. Im Wald nördlich von Thurmansbang balancieren Granitkugeln wie das Spielzeug von Riesen und haben Wind und Wetter den Felsen zu einem Labyrinth aus Spalten und Hohlräumen geschliffen.

Vom Wanderparkplatz Erlau folgen wir der Schotterstraße bergauf. Sie taucht bereits am Ende des Parkplatzes in den dichten Mischwald. Schattig bleibt es auf der ganzen Tour. Nach eineinhalb Kilometern im gleichmäßigen Anstieg weitet sich nach rechts ein kleiner Platz, dahinter eine Gabelung. Rechter Hand zweigt ein Weg zum »Steinernen Kirchlein« und links bergauf zum »Wackelstein« ab. Wir wählen zunächst den rechten Ast und den kurzen Abstecher zum »Steinernen Kirchlein«. Nach einem halben Kilometer über den laubweichen Waldweg und ohne bedeutenden Höhenunterschied markiert eine Holztafel das Naturdenkmal. Wer eine von Hand gemauerte

Museumsdorf

Ein paar Kilometer südlich von Thurmansbang liegt das Museumsdorf direkt am Dreiburgensee. Dort findet Heimat- und Brauchtumspflege in lebendigster Form bei Musikveranstaltungen und Handwerksvorführungen wie Imkerei oder Wollespinnen statt. Und im »Mühlhiasl« wird Wirtshauskultur gelebt (www.museumsdorf.com).

Kapelle erwartet hat, wird überrascht sein. Die Natur hat in Jahrtausende währender Verwitterung eine bizarre Felslandschaft aus bemoosten, haushohen Granitbergen geschaffen: kleine Schluchten, Balkone, Überhänge. Wer verirrt sich bei der Suche nach dem Kreuz? Wie gekommen, geht es wieder zurück zur

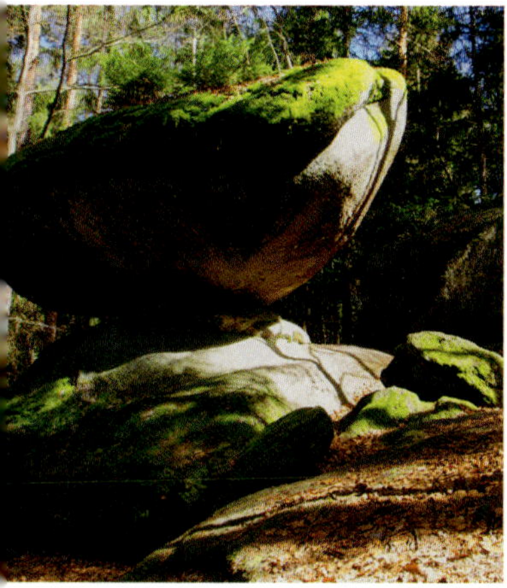

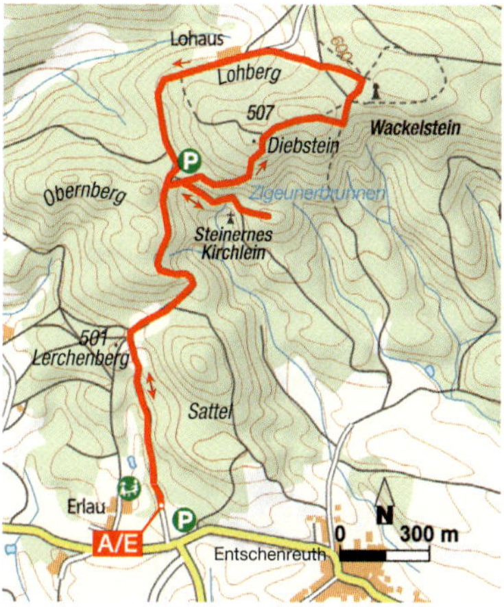

Oder lieber doch nicht wackeln?

Gabelung, dort dann scharf rechts und erneut bergauf. Der Weg ist auf den nächsten Metern schwieriger und durchzogen von steinigen Stufen und Wurzeln. Haben wir diese Stufe genommen, flacht der Pfad ab. Unter dem hohen Laubdach präsentiert sich ein weiteres Beispiel fantasievoller Steinmetzarbeit der Natur. Meterhoch und tonnenschwer, doch diesmal unbezwingbar und rund, liegen riesige Granitkugeln im Wald – wie Obelix' Fußbälle. Mit diesen im Rücken laufen wir nach Norden bergab und biegen schon in Sichtweite links ein, um am Waldrand zu einer Forststraße hinunterzulaufen. Es ist dieselbe unseres Anstieges. Ihr folgen wir nach links zurück zum Parkplatz.

32 Durch das Ilztal bei Fürsteneck

Im einsamen Flusstal

leicht | 7 km | 138 Hm | 2.15 Std.

Tourencharakter: Einfacher Wanderweg mit kurzem Anstieg nach Fürsteneck

Ausgangspunkt/Endpunkt: Schrottenbaummühle

Höchster Punkt: Schloss Fürsteneck (394 m)

Anfahrt: Auto: A3 Ausfahrt Aicha vorm Wald, weiter auf St2127 Richtung Tittling, auf der B85 an Tittling vorbei bis zur Abfahrt Freyung, über Loizersdorf zur Schrottenbaummühle. Bus & Bahn: Keine Anfahrt.

Einkehr: Schlossgaststätte Fürsteneck, Schlossweg 5, 94142 Fürsteneck, 08505/14 73, www.schlossgaststaette-fuersteneck.de; Gasthaus-Pension Schrottenbaummühle, Schrottenbaummühle 1, 94142 Fürsteneck, 08504/17 39, www.schrottenbaummuehle.de

Karte: Kompass, Bayerischer Wald, 1:50 000, Nr. 198, Karte 3

Informationen: Touristinfo Perlesreut-Fürsteneck, Unterer Markt 3, 94157 Perlesreut, 08555/96 19 10, info@perlesreut.de, www.perlesreut.de

Die Ilz hat einen langen Weg hinter sich, wenn sie sich von den Höhen des Grenzkamms kommend in die Donau ergießt. Zwischen der Schrottenbaummühle und Fürsteneck begleiten wir sie durch ein besonders idyllisches Stück – und bekommen Kultur und Gaumenschmaus obendrauf.

Ihre dunkle Färbung kommt von allerlei Erdreich, das in ihrem Quellgebiet nach Niederschlägen aus Mooren und dem Bergwald eingeschwemmt wird, und ihr zum Beinamen »Schwarze Perle des Bayerischen

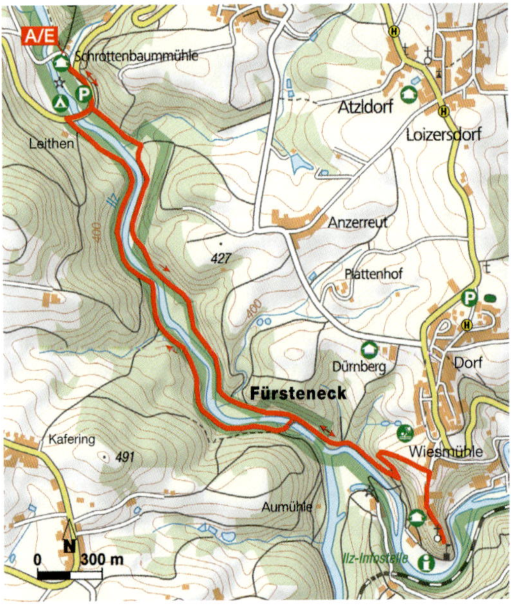

Waldes« verholfen hat: die Ilz. Sie sucht sich durch ein wildromantisches Flusstal ihren Weg bis zur Donau. Bei Fürsteneck ist das Tal einfach zu erwandern. Wir starten am geschichtsträchtigen Gasthaus Schrottenbaummühle, überqueren die Landstraße und folgen dem »Ilztalwanderweg« am linken Flussufer. Gemütliches Auf und Ab auf einem breiten Weg lässt uns zügig vorankommen. Der Taleinschnitt ist zu beiden Seiten bewaldet. Mal stehen die Bäume dicht ans Wasser, mal zieht der Weg durch schmale Auwiesen. Nach etwa zwei Kilometern passieren wir den Poststeg, den wir auf dem Rückweg überschreiten. Wenig später können wir die idyllische Ruhe an einer Bank genießen. Vor uns fließen hier breit und bedächtig Ilz und Wolfsteiner Ohe zusammen, auf ihrem gemeinsamen Weg zur Donau. Der Weg führt uns nun am Ufer der Ohe nach Fürsteneck. Schon nach 500 Metern steigen wir die wenigen Höhenmeter aus dem Tal hinauf, wo die Burg Fürsteneck über dem Flussknie wacht. Durch das Tor gelangen wir in die Burganlage aus dem 12. Jahrhundert. Die Schlosskapelle ist einen Besuch wert und wer mehr erfahren will, wird im Informationszentrum gut unterrichtet. Bleibt nur noch das leibliche Wohl. Die Schlossgaststätte bietet stilgerechte Einkehr hinter schwerem Gemäuer. Wie gekommen, geht es dann zurück an das Ufer der Ohe, der wir nun in Fließrichtung folgen. Am Poststeg wechseln wir ans andere Ufer, wo wir uns an der Gabelung rechts halten. In einer guten halben Stunde haben wir dann die Schrottenbaummühle wieder erreicht.

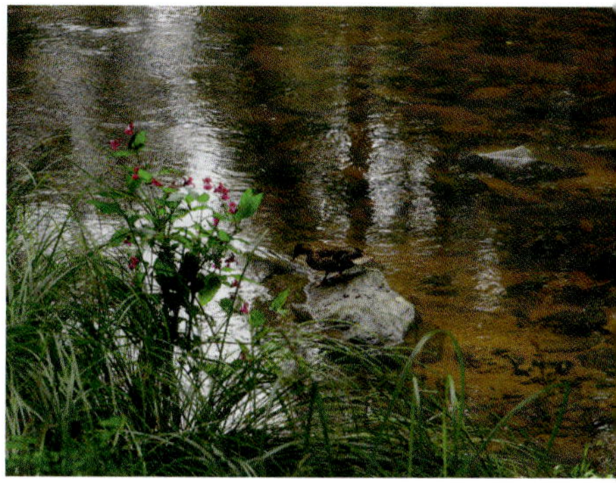

Wer die Ruhe sucht, ist an der Ilz richtig.

33 Auf den Diebstein

Hoch über der Heilquelle

leicht | 5,7 km | 170 Hm | 2 Std.

Tourencharakter: Nach dem idyllischen Badeweiher einfacher Zustieg in den bewaldeten Gipfelbereich, dort ist wegen des Laubes der Weg mitunter schwer auszumachen.

Ausgangspunkt/Endpunkt: Thurmansbang, Parkplatz am Friedhof

Höchster Punkt: Diebstein (590 m)

Anfahrt: Auto: A3 Ausfahrt Iggensbach und über Schöllnach und Zenting Richtung Saldenburg. Rechts ab nach Thurmansbang. Bus & Bahn: Keine Anfahrt.

Einkehr: Keine Einkehr auf der Tour.

Karte: Kompass, Bayerischer Wald, 1:50 000, Nr. 198, Karte 3

Informationen: Touristinfo Thurmansbang, Schulstraße 5, 94169 Thurmansbang, 08504/16 42, info@thurmansbang.de, www.thurmansbang.de

Unweit von Thurmansbang führt der Rundweg über den Diebstein an zwei besonderen Wasserstellen vorbei. Im Buchwiesweiher können wir uns bei einem Bade abseits des Trubels erfrischen. Nach dem Abstieg gibt es an der Bründlkapelle in Goben Heilwasser zu Trinken.

Nach der Unterführung folgen wir dem Buchwiesweg ins Finkental (Markierung 67). Am Waldrand zweigt nach rechts ein Schotterweg Richtung Eggenreuth. Hier kommen wir am Ende unserer Rundwanderung wieder zurück. Zunächst heißt es jedoch geradeaus. Nach einem kurzen Anstieg endet der Teerweg und mündet in einen Schotterweg, auf dem wir zum Buchwiesweiher hinunterlaufen. Einzig ein Streifen Liegewiese trennt den idyllischen Waldweiher vom dichten Grün der umstehenden Bäume. Wir

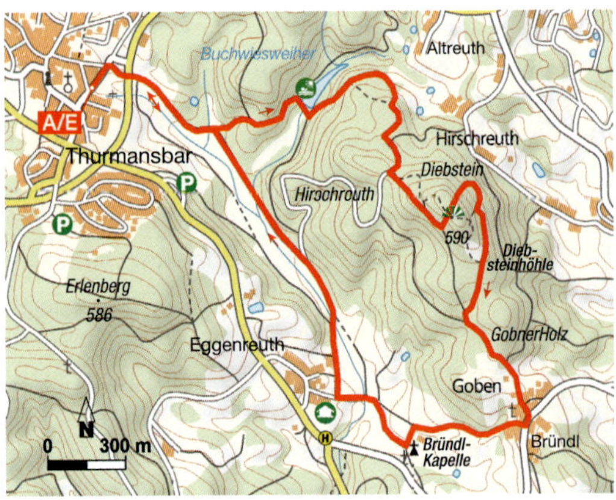

biegen noch vor dem Wasser rechts ein, folgen dem Ufer und danach dem Anstieg nach links. Wer mag, läuft entlang der Liegewiese zum hinteren Ende des Sees, überquert ihn dort über den Holzsteg und folgt dem schmalen Steig nach rechts. Bald biegen wir links in den Hauptweg und den Anstieg zum Diebstein ein. Auf dem einfachen Waldweg erklimmen wir eine erste Stufe. Dort geht es auf einer grob geschotterten Forststraße für 200 Meter weiter. In einer Rechtskurve zweigen wir nach links ab und steigen auf dem Waldweg dem Gipfelbereich entgegen. Wir wandern durch eine märchenhafte Felsenlandschaft und passieren im Abstieg die Diebsteinhöle. Durch dichtes Laub waten wir Richtung Goben hinunter, wo wir der Durchgangsstraße nach rechts Richtung Landstraße folgen. Nach 50 Metern biegen wir schon wieder ab und steigen auf dem Feldweg hinunter zur Bründlkapelle, wo unablässig eine Quelle mit Heilwasser sprudelt. Kurz davor zweigt der Feldweg nach rechts und bald unter einer kleinen Allee hindurch Richtung Eggenreuth. Noch vor den ersten Häusern biegen wir rechts und laufen in den Grund des Finkentals, an dessen Ende wir auf die eingangs genannte Gabelung treffen.

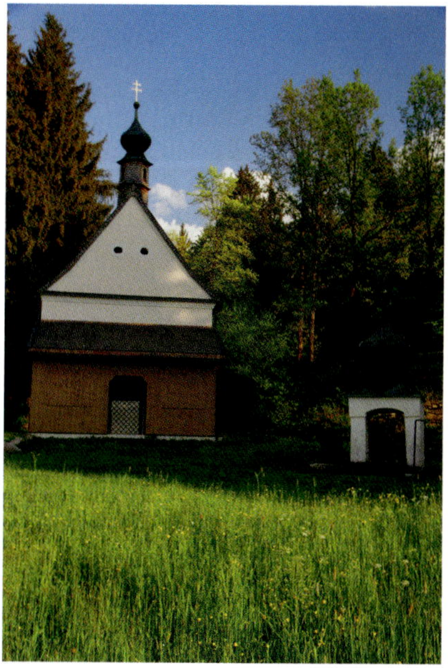

Badestopp

Rund um Thurmansbang gibt es für Naturbadefreunde noch weitere Möglichkeiten: Bei Rothau schmiegt sich der Dreiburgensee ins Tal. Hoch über dem Mühlweiher thront die Burg von Saldenburg und der Eginger See lockt mit einem breiten Strand (www.dreiburgenland.info).

Oben: Verspricht Linderung nicht nur bei Magenleiden: das Heilwasser der Bründlkapelle.

34 Naturerlebnis Saußbachklamm

Wildbach vor den Toren Waldkirchens

leicht | 5,7 km | 100 Hm | 1.45 Std

Tourencharakter: Aus dem Trubel der Stadt in die wildromantische Klamm, in der Klamm Schotter- und Waldwege.

Ausgangspunkt/Endpunkt: Waldkirchen, Marktplatz 17 (Touristinformation)

Höchster Punkt: Auf dem Weg (601 m)

Anfahrt: Auto: Ab Passau auf der B12 Richtung Freyung, bei Röhrnbach abzweigen nach Waldkirchen. Bus & Bahn: Mit der Bahn nach Passau und weiter mit der Ilztalbahn oder Bus Waldkirchen.

Einkehr: Halleralm in der Saußbachklamm, 08581/87 53, www.facebook.com/Haller-Alm (Fr–So)

Karte: Kompass, Bayerischer Wald, 1:50 000, Nr. 198, Karte 3

Informationen: Touristinfo Waldkirchen, Marktplatz 17, 94065 Waldkirchen, 08581/194 33, tourismus@waldkirchen.de, www.waldkirchen.de

Der Saußbach sprudelt durch ein Bett aus grünen Granitblöcken im dichten Wald. Den Trubel der nahen Stadt haben wir bei einer Brotzeit im »Hexenhäuschen« Halleralm schnell vergessen.

Zwischen Saußberg und Waldkirchen im Norden hat der Saußbach eine Klamm gegraben (Markierung Nr. 1). Seit 1939 ist der wildromantische Bachlauf Naturschutzgebiet und durch einen einfachen Rundwanderweg erschlossen. Wir starten an der Touristinformation in Waldkirchen und laufen den Marktplatz entlang Richtung Süden. Wir überqueren die Ringmauerstraße und folgen gegenüber dem Erlenhain

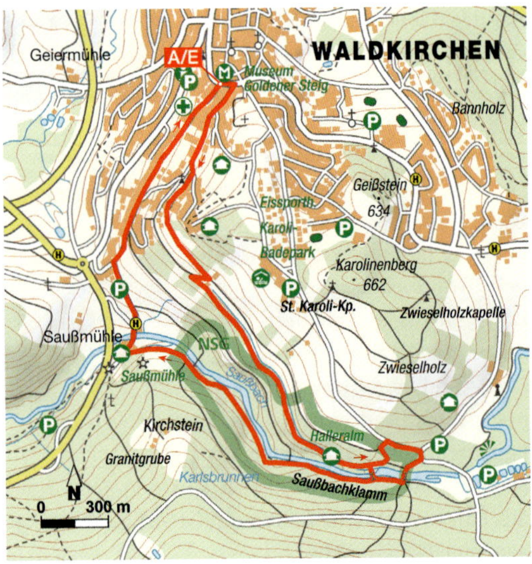

etwa einen Kilometer zunehmend bergab bis kurz vor die Landstraße. Dort gabelt sich der Weg und wir folgen dem linken Ast bis Saußmühle, wo wir den Saußbach überqueren und nach dem letzten Haus an einer Infotafel links einbiegen. Auf der rechten Bachseite laufen wir nun in die Klamm, wo uns das Wasser über moosige Granitblöcke entgegensprudelt. Anfangs auf einem breiten Waldweg münden wir bald in einen schmalen, einfachen Pfad, der immer wieder über Wurzeln und Steinstufen führt. Nach einem guten Kilometer nehmen wir nach links über ein Brücklein den Abstecher zur Halleralm mit. In der warmen Jahreszeit und bei schönem Wetter können wir dort idyllisch Brotzeit machen. Wir kehren danach wieder auf unseren Weg zurück und folgen ihm nach links. Zunächst passieren wir ein Wehr und wandern danach über die Brücke nach links zum Parkplatz (Infotafeln). Von dort folgen wir dem Schotterweg vorbei am Waldkindergarten und biegen am Waldrand links bergab. Wenn der Weg dem Waldrand folgend eine Rechtskurve macht, steigen wir nochmals links hinunter zum Bach. Oberhalb der Halleralm folgen wir dann dem breiten Weg, der den bewaldeten Hang querend langsam wieder aus der Klamm herausführt. An den ersten Häusern erreichen wir den Graben, dem wir bis zur Ringmauerstraße (dort links) und zum Ausgangspunkt folgen.

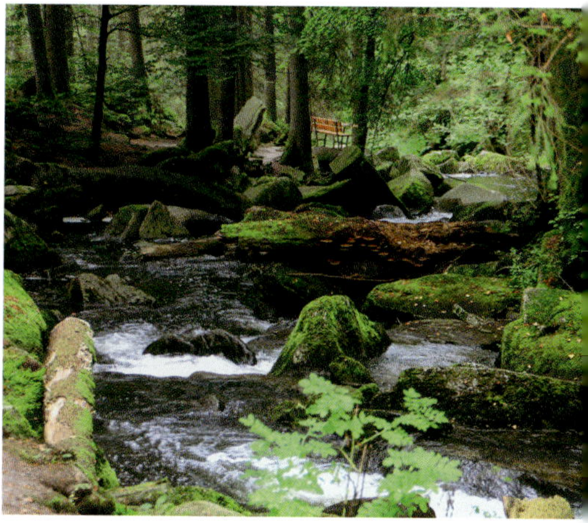

Der Wildbach rauscht in der Saußbachklamm.

35 Zum Aussichtsturm auf dem Haidel

Unweit des verlassenen Dorfes

leicht | 4 km | 153 Hm | 1.30 Std.

Tourencharakter: Aussichtsreich auf den Haidel-Aussichtsturm, ggf. Abstecher nach Leopoldsreut (siehe Tipp).

Ausgangspunkt/Endpunkt: Wanderparkplatz Obergrainet

Höchster Punkt: Haidel (1166 m)

Anfahrt: Auto: A3 Ausfahrt Hengersberg und auf B533 nach Freyung oder ab Passau auf B12 nach Freyung. Ab Freyung auf B12 bis Phillipsreut, weiter nach Bischofsreut. Dort bei der Kirche in die Leopoldsreuter Straße einbiegen und bis zum Parkplatz folgen. Bus & Bahn: Keine Anfahrt.

Einkehr: Keine Einkehr auf der Tour.

Karte: Kompass, Bayerischer Wald, 1:50 000, Nr. 198, Karte 3

Informationen: Touristinfo Haidmühle, Schulstraße 39, 94145 Haidmühle, 08556/194 33, haidmuehle@t-online.de, www.haidmuehle.de

Der Turm musste mehrfach neu gebaut werden. Heute überragt er mit über 30 Metern Höhe den umstehenden Wald und bietet ein Panorama über das Arberland, den Nationalpark auf Böhmischer Seite bis hinunter zu den Alpen – und einen Abstecher in die Geschichte.

Ganz schön steil führt die Straße hinauf nach Obergrainet. Doch für dieses Stück nehmen wir noch das Auto. Der Parkplatz liegt am Ende einer aussichtsreichen Bergwiese, schon im Schatten der ersten Bäume. Wir folgen dem Forstweg, der in Verlängerung der Zufahrtstraße geradeaus den Berg hinaufführt, nur in gemütlicher Steigung. Links und rechts des Weges stehen die Heidelbeersträucher dicht. Der Weg zum Aussichtsturm auf dem Haidelgipfel ist gut ausgeschildert (Markierung 5), zudem begleitet uns die »Goldsteig«-Markierung. Nach einem halben Kilometer zweigen wir links ab und queren auf einem einfachen Waldweg zu einer weiteren Forststraße. Dort biegen wir rechts ein, um an der folgenden

Festspiele

Leopoldsreut: 30 Gehminuten vom Haidelgipfel ist die Wüstung entfernt. Zu Beginn des 17. Jahrhunderts wurde hier oben gegen alle Widrigkeiten der Natur ein Dorf entlang des Säumerweges gegründet. Kirche und ehemaliges Schulhaus sind gut erhalten. Auf dem Platz davor finden alle zwei Jahre die Leopoldsreuter Festspiele statt (www.haidmuehle.eu).

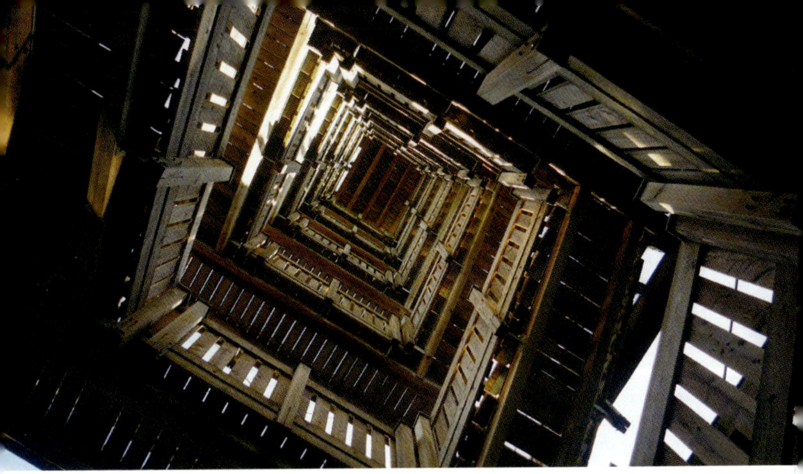

Gabelung links abzuzweigen. Bereits nach wenigen Schritten geht es wieder rechts ab. In einem kurzen Aufschwung biegen wir auf den Gipfelweg ein, der uns schließlich kerzengerade zum Gipfel führt. Nachdem wir eine Forststraße überquert haben, sind wir auch schon fast oben. Die Plattform auf dem Aussichtsturm auf über 30 Metern Höhe ragt weit über den Wald hinaus und bietet ein Panorama vom Arber über die weiten Wälder der Nationalparks diesseits und jenseits der deutsch-tschechischen Grenze bis hin zu den Alpen. Der Aufstieg ist luftig, doch auch nicht ganz Schwindelfreie können sich gut hinter dem hohen Geländer verstecken. Der Rückweg führt uns wie gekommen wieder hinunter, wobei wir an der ersten Forststraße nun links abzweigen. Folgend laufen wir einen halben Kilometer gemütlich bergab, um an der Abzweigung nach rechts und talwärts der Forststraße bis zum Ausgangspunkt zu folgen.

Etwas Schwindelfreiheit braucht es im Aufstieg zum Haidel-Aussichtsturm.

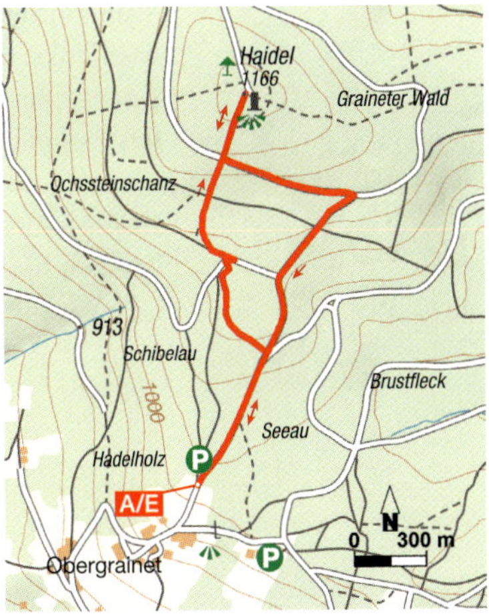

36 Auf den Dreiseselberg

Im Reich der Fabelwesen

leicht | 3,3 km | 105 Hm | 1.15 Std.

Tourencharakter: Einfacher Rundweg, luftiger Zustieg auf den Dreisessel und Hochstein (Schwindelfreiheit erforderlich).

Ausgangspunkt/Endpunkt: Parkplatz am Ende der Dreisessel-Bergstraße

Höchster Punkt: Hochstein am Dreisesselberg (1333 m)

Anfahrt: Auto: A3 Ausfahrt Aicha vorm Wald und Richtung Hutthurm, weiter Richtung Freyung und Haidmühle. In Frauenberg kurz nach dem ehemaligen Skilift rechts. Die Bergstraße endet am Parkplatz.

Einkehr: Berggasthof Dreisessel, Dreisesselhaus 1, 94089 Neureichenau, 08556/350, www.dreisessel.com, tägl. 9–17 Uhr

Karte: Kompass, Bayerischer Wald, 1:50 000, Nr. 198, Karte 3

Informationen: Touristinfo Neureichenau, Dreisesselstraße 8, 94089 Neureichenau, 08583/96 01 20, tourismus@neureichenau.de, www.neureichenau.de

Die Sage erzählt von Prinzen, die sich auf Felsen am Dreisessel setzten und böses Spiel mit drei Prinzessinnen trieben. Wahrlich märchenhaft stehen die Felsformationen auf dem Dreisessel, doch die Erklärung für ihre Formen ist leider ganz profan: Wollsackverwitterung.

Am Ende Bergstraße zum Dreisesselberg folgen wir dem Wanderparkplatz mäßig bergauf. An seinem Ende geht er in die schmale Zufahrtstraße zum Berggasthof über. Während wir bereits hier ein wunderschönes Panorama bis hinüber ins österreichische Mühlviertel haben, biegt die Straße immer mehr nach links, ehe sie sich in einem kurzen, aber steilen Anstieg zum Berggasthof hinaufschwingt. Ab Ende des Parkplatzes ist es weniger als ein Kilometer. Kurz vor dem Gasthof stehen links neben dem Weg die Dreisesselfelsen. In einen sind Stufen geschlagen, so dass wir hinaufsteigen können. Das luftige Panorama ist zwar mit einem Geländer gesichert, dennoch ist

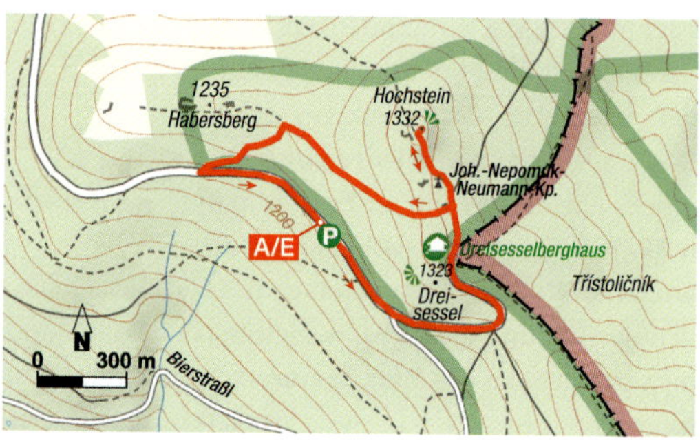

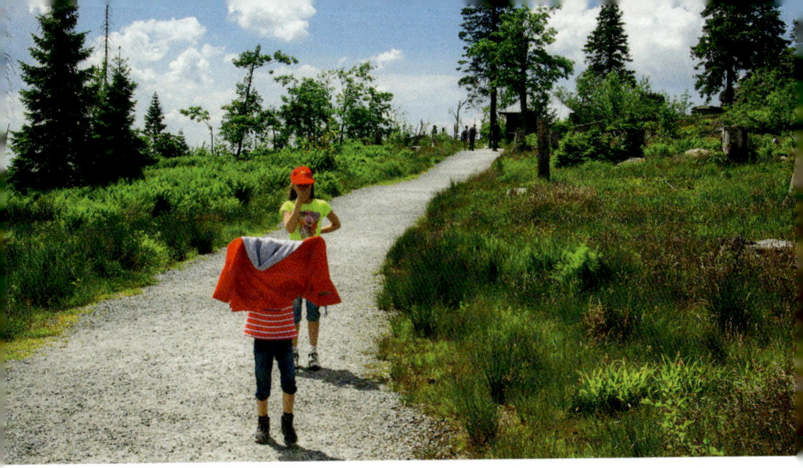

»Dann mach ich mir den Schatten eben selber!«

Achtsamkeit geboten. Zum Gasthof sind es dann nur noch wenige Schritte. Bewirtet wird sowohl in der Stube, als auch im Freien. Und hier haben wir eine schöne Aussicht ins Böhmische und über den breiten Rücken des Plöckenstein. Der weitere Weg führt dann rechts am Gasthof vorbei. Auf dem einfachen Schotterweg Richtung Hochstein erreichen wir zunächst eine Kreuzung und laufen geradeaus weiter. Vor uns ragen bizarre Felstürme in den Himmel, rechts hinten unser Ziel, der Hochstein. Auf ihn gelangen wir erneut über eine Naturtreppe, der schmale Grat auf den Felsen ist zwar gesichert, aber luftig. Die Aussicht reicht über den Nationalpark Sumava, über den Haidel zum Plöckenstein. Nach einem Abstecher zur Nepomuk-Neumann-Kapelle laufen wir zurück Richtung Gasthof, biegen an der Kreuzung dann jedoch rechts in den Winterweg ein. Auf dem breiten Weg bergab erreichen wir nach einem Kilometer die Bergstraße, der wir links bergauf wieder zum Parkplatz folgen.

Naturphänomen

Wollsackverwitterung: Physikalische und chemische Prozesse im Verein mit den Naturgewalten lassen insbesondere Gesteine wie Granit oder Gneis in einer sehr eigenen Art verwittern. Es scheint, als würden kantengerundete Steinplatten aufeinandergeschichtet, wie mit Wolle gefüllte Säcke.

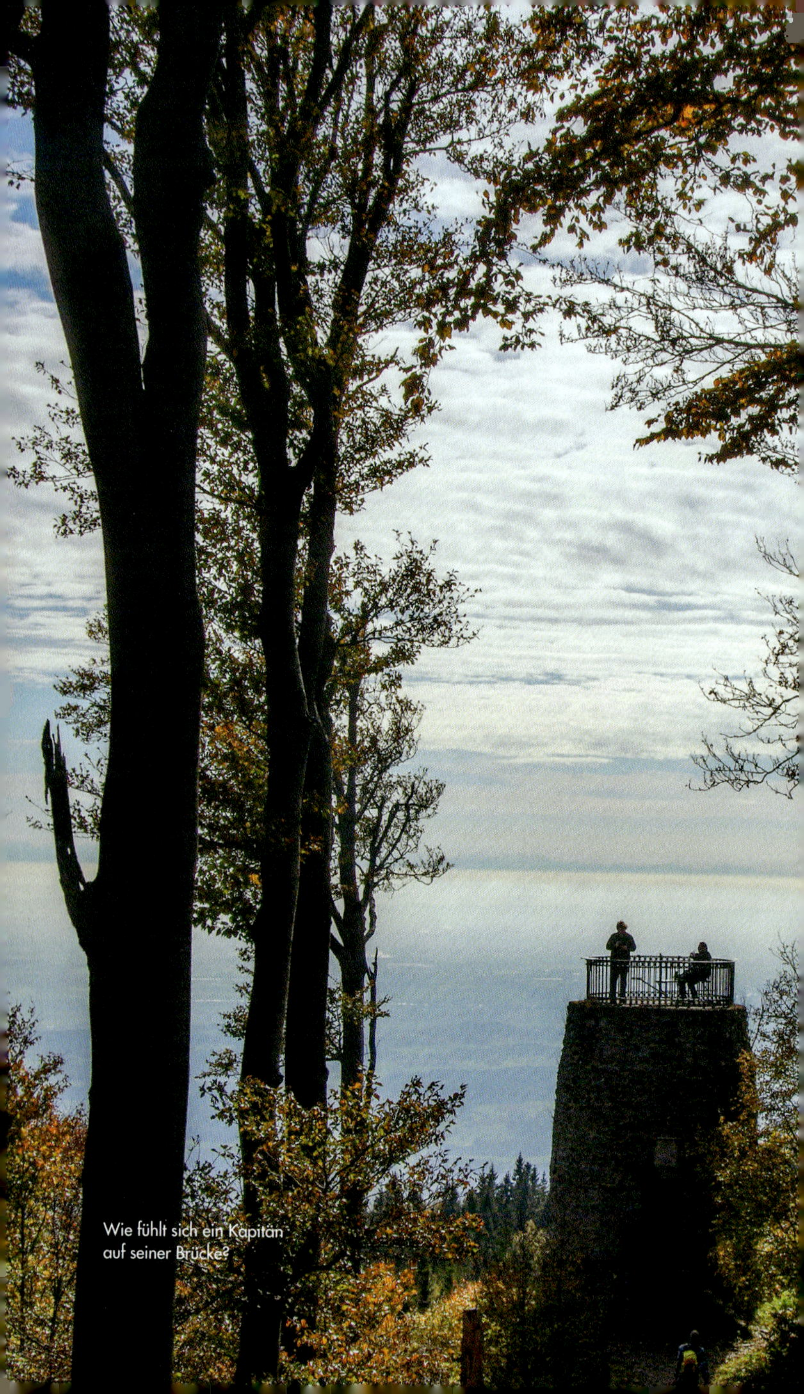

Wie fühlt sich ein Kapitän
auf seiner Brücke?

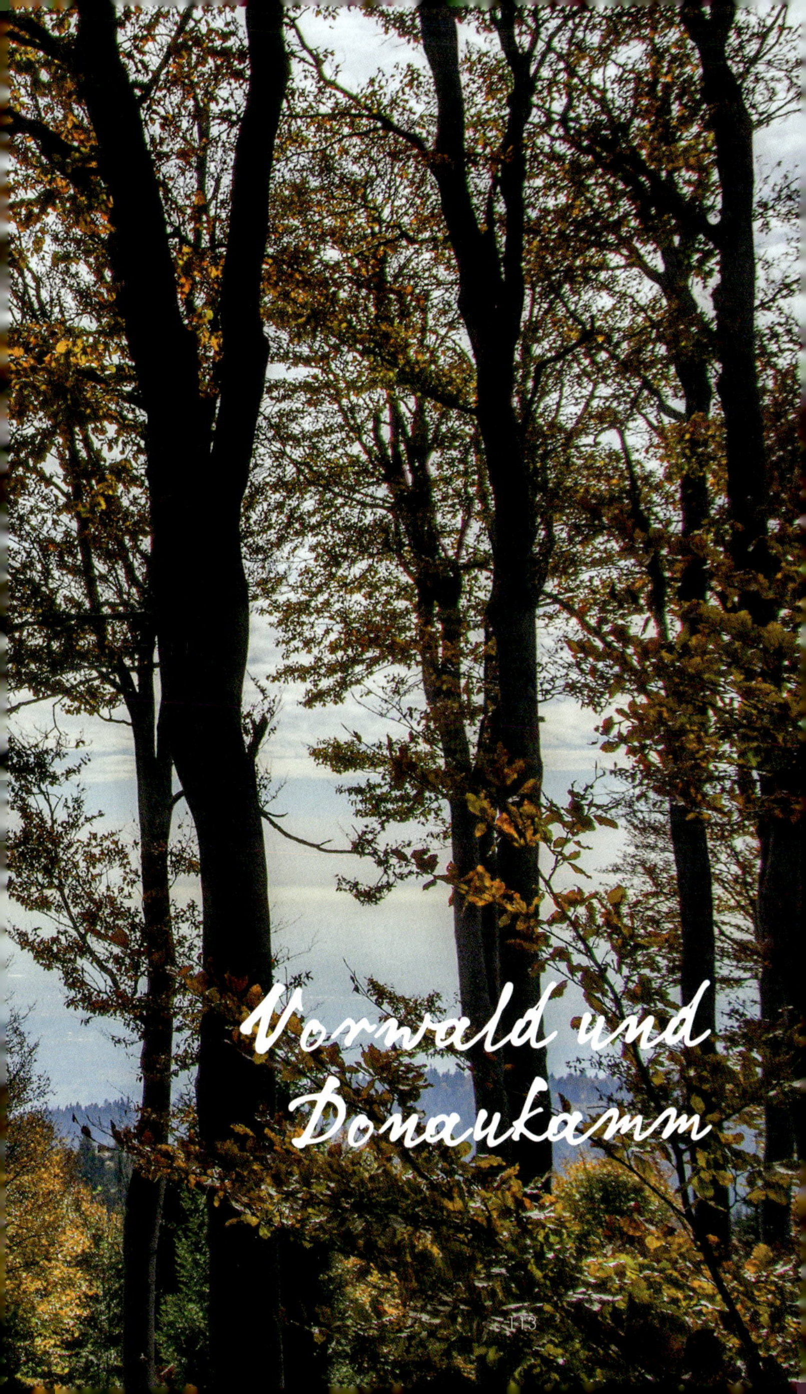

Vorwald und Donaukamm

37 Im Tal des Höllbachs

Rundwanderung bei Brennberg

leicht | 7,4 km | 140 Hm | 2.30 Std.

Tourencharakter: Wildromantisches Bachtal und aussichtsreiche Feldwege, Weg am Bach bei Nässe ist rutschig.

Ausgangspunkt/Endpunkt: Brennberg

Höchster Punkt: Brennberg (611 m)

Anfahrt: Auto: A3 Ausfahrt Wörth a. d. Donau/Wiesent und weiter nach Brennberg. Bus & Bahn: Mit dem Bus ab Regensburg/Hbf. über Donaustauf (Bayerwaldstraße) nach Brennberg (Hintermeier).

Einkehr: Hirschbergers Holzofenkuchel, Reimarstraße 5, 93179 Brennberg, 09484/287, willkommen@holzofenkuchl.de, www.holzofenkuchl.de, Mo–Di Ruhetag, Mi–Do ab 17 Uhr, Fr–So ab 11 Uhr

Karte: Kompass, Bayerischer Wald, 1:50 000, Nr. 198, Karte 1

Informationen: LKR Regensburg/Touristinfo, Altmühlstraße 3, 93059 Regensburg, 0941/400 94 95, tourismus@landratsamt-regensburg.de, www.landkreis-regensburg.de

Das Höllbachtal schließt sich gleich dem Rundweg durch das Naturschutzgebiet an (Tour 38). Unsere Tour führt als einfacher Waldweg am Bach entlang, der sich in einem engen Taleinschnitt seinen Weg sucht. Der Rückweg nach Brennberg folgt aussichtsreich über Wiesen und Felder.

Vom Parkplatz folgen wir der Höllbachstaße, biegen links in den Schmidgarten und erneut links in die Berndorfer Straße. So umwandern wir den Burgberg südlich. In der Öd, vor dem letzten Haus, ehe sich die Landstraße Richtung Berndorf verabschiedet, biegen wir links ein und folgen der Markierung 5 und »Oberpfalzweg« über einen idyllischen Feldweg hinüber nach Wernetsgrub. Nach einer Viertelstunde biegen wir bei dem Weiler rechts in die Flurstraße und folgen nun dem Oberpfalzweg, zuletzt in einer steilen S-Kurve, nach Dosmühle. Dort überqueren wir den

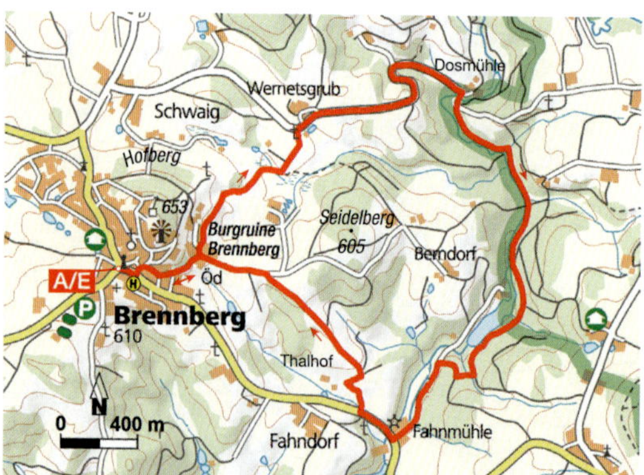

Höllbach, lassen den Eingang zur »Hölle« links liegen, biegen nach wenigen Metern rechts auf den Pfad ein und folgen diesem ein kurzes Stück entlang des Rundwanderwegs Hölle (Rb3). Rechts unterhalb plätschert der Bach. Schon bald erreichen wir eine Gabelung, an der wir rechts abzweigen. Vor uns liegt der wildromantische Abstieg am linken Ufer des Höllbachs, der einen tiefen bewaldeten Graben ausgespült hat. Nach einem Kilometer flacht der Weg ab. Der Rückstau eines Wehrs hat den Wildbach beruhigt. Wir folgen dem Weg am linken Weiherufer und erreichen nach einem kurzen Zwischenanstieg Fahnmühle. Wer es einfacher mag, überquert den Bach kurz vor dem Weiher über den Eisensteg und folgt der Flurstraße. Beide Wege führen wieder zusammen. In Fahnmühle folgen wir etwa 200 Meter der Landstraße nach rechts und biegen beim Weiler Thalhof, kurz vor den Fischweihern, wieder rechts ein. Der Weg schlängelt sich zunächst steil am Hof vorbei, flacht dann aber an der Baumreihe inmitten des Feldes, wo wir dem Weg nach links folgen, etwas ab. Der letzte Anstieg führt aussichtsreich zur Flurstraße, der wir nach links nach Brennberg folgen.

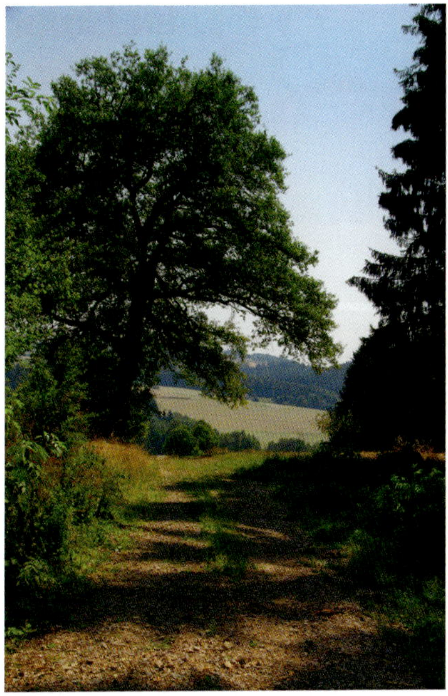

Oben: Rückblick auf den letzten Anstieg, zur Einkehr ist es nicht mehr weit.

Burg von Brennberg

Die Burg von Brennberg lässt sich bis in das 11. Jahrhundert zurückverfolgen. Sie liegt prominent auf einem steilen Burghügel und ist so schon von weitem zu sehen. Umgekehrt bedeutet dies, dass wir von dort einen herrlichen Weitblick haben – nicht zuletzt Richtung Naturschutzgebiet »Hölle« und ins Höllbachtal. Die Ruine ist ganzjährig zugänglich.

38 Im Naturschutzgebiet »Hölle«

Idyllischer Rundweg

leicht | 4 km | 76 Hm | 1.30 Std.

Tourencharakter: Idyllisches Naturschutzgebiet, Wege bei Nässe weich und sumpfig.

Ausgangspunkt/Endpunkt: Postfelden, Wanderparkplatz

Höchster Punkt: Postfelden (558 m)

Anfahrt: Auto: A3 Ausfahrt Wörth a. d. Donau-Ost und weiter Richtung Falkenstein. Bei Rettenbach abzweigen nach Postfelden. Bus & Bahn: Keine Anfahrt.

Einkehr: Keine Einkehr auf dem Weg.

Karte: Kompass, Bayerischer Wald, 1:50 000, Nr. 198, Karte 1

Informationen: LKR Regensburg/Touristinfo, Altmühlstraße 3, 93059 Regensburg, 0941/400 94 95, tourismus@landratsamt-regensburg.de, www.landkreis-regensburg.de

In Sichtweite der Burgruine Brennberg schlängelt sich der Höllbach durch eine grüne Oase. Der Rundweg unter dem Blätterdach führt über kleine Stege und an Felstürmen vorbei, ehe der Bach das Höllbachtal (Tour 37) hinunter Richtung Donau fließt.

Am südlichen Ortsrand von Postfelden befinden sich an der Straße Richtung Dosmühle zwei Wanderparkplätze. Wir folgen von hier der schmalen Flurstraße quer über Felder und Wiesen mit der Burg Brennberg am Horizont Richtung Dosmühle. Der Höllbachweg (Rb03) zweigt nach guten 500 Metern links in einen Feldweg. Zwischen Höllbach und Flurstraße erreichen wir so bald Dosmühle. An der Höllbachbrücke biegen wir rechts in die »Hölle«. Der anfangs breite Waldweg verläuft bald als schmaler Pfad über eine Lichtung. Wieder am Waldrand biegen wir links

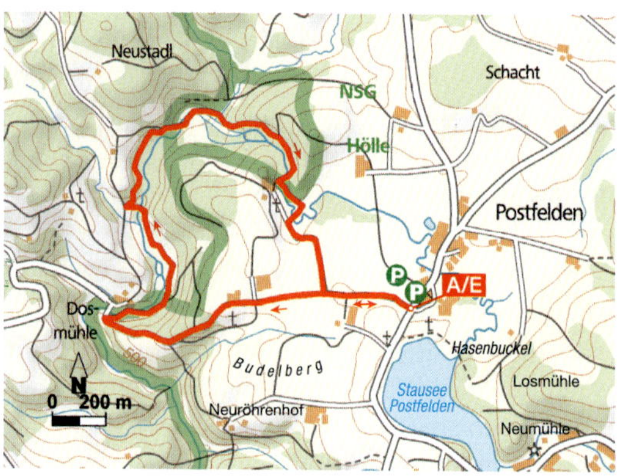

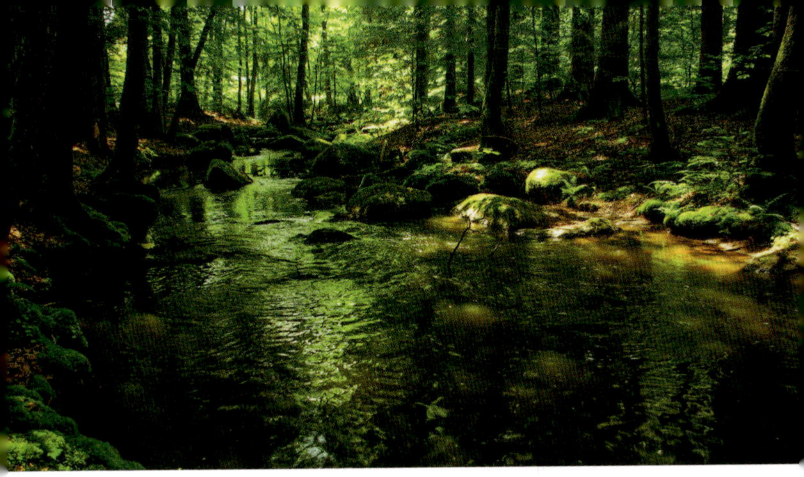

Stilles Wasser, weiche Wege, mildes Grün: Was wäre das für eine Hölle?

im sanften Abstieg zum Bach, den wir wenig später überqueren. Dicht geht es dann am linken Ufer weiter, bis wir am nördlichen Rand des Naturschutzgebietes (seit 1950) unter dichten Laubkronen den Riederszeller Bach überqueren, der hier in den Höllbach mündet. Der weiche Waldboden dämpft den Schritt, wenn wir von hier dem Ausgang im Süden entgegenwandern. Nach links steigt der Hang steil hinauf, und immer wieder ragen Türme aus bemoostem Granit, beinahe wie in einem Canyon, in die Höhe. Rechts sucht sich der Bach seinen Weg durch massiges Blockgestein, das bisweilen so eng liegt, dass das Wasser mehr zu hören als zu sehen ist. Der Volksmund nennt den Weg auch »Wolfsschlucht«. Am Waldrand führt erneut ein kurzer Steg über den Bach, und über die Wiese erreichen wir den Schotterweg, der uns nach links wieder zur Flurstraße führt. Mit einem letzten Ausblick zur Ruine Brennberg treten wir dann nach links den Rückweg nach Postfelden an.

Schlosspark Falkenstein

Im Naturschutzgebiet Schlosspark Falkenstein gleich unterhalb der gleichnamigen Burg haben Wind und Wetter skurrile Formen aus Granit geformt. Wie für eine Ausstellung arrangiert, stehen herrliche Beispiele der sogenannten Wollsackverwitterung entlang des Rundweges (www.markt-falkenstein.eu).

39 Rund um den Kobelberg

Naturerlebnisweg vor den Toren Regensburgs

leicht | 4,1 km | 44 Hm | 1.15 Std.

Tourencharakter: Erlebniswanderung für die ganze Familie ohne Schwierigkeiten.

Ausgangspunkt/Endpunkt: Waldgasthaus Schiederhof, Parkplatz

Höchster Punkt: Auf dem Weg (661 m)

Anfahrt: Auto: A3 Ausfahrt Kirchroth, weiter Richtung Wiesenfelden und zum Schiederhof abzweigen. Bus & Bahn: Keine Anfahrt.

Einkehr: Waldgasthaus Schiederhof, Schiederhof 3, 94344 Wiesenfelden, 09966/282, info@schiederhof.de, www.schiederhof.de, Di Ruhetag, Mo/Mi–Fr ab 14 Uhr, Sa/So ab 9:30 Uhr

Karte: Kompass, Bayerischer Wald, 1:50 000, Nr. 198, Karte 1

Informationen: LKR Regensburg/Touristinfo, Altmühlstraße 3, 93059 Regensburg, 0941/400 94 95, tourismus@landratsamt-regensburg.de, www.landkreis-regensburg.de

Zwei turmhohe Windräder in den Hängen am Kobelberg weisen schon von weitem den Weg. Wo der Bayerische Wald entlang der Donau steil ansteigt, lernen wir auf einer einfachen Rundwanderung für die ganze Familie viel Wissenswertes über Wald und Natur.

Der Naturerlebnisweg (Markierung 7) führt rechts am Waldgasthaus Schiederhof vorbei und zweigt bereits nach wenigen Metern nach links. Der Forstweg ist auf der ganzen Wegstrecke breit und geschottert, und auch das mäßige Auf und Ab macht uns keinerlei Schwierigkeiten. Das heißt auch, dass die Runde im

Nepal-Himalaya-Pavillon

Kurz hinter Wiesent, ein Stück den Donaukamm hinauf, steht der Nepal-Himalaya-Pavillon. Der ehemalige nepalesische Ausstellungspavillon der Expo 2000 wurde von einem Mäzen gekauft und in einer weitläufigen Gartenanlage aufgestellt. Mit Architektur, Gärten und gelegentlichen Veranstaltungen wird uns hier die Kultur Nepals gezeigt (www.nepal-himalaya-pavillon.de).

Sommer gut für Kinderwagen geeignet und im Winter mit dem Schlitten machbar ist. So können wir uns auf die einzelnen Stationen des Naturerlebnisweges konzentrieren, bei denen auch Kinder auf ihre Kosten kommen. Schon kurz, nachdem wir die Waldgrenze hinter uns gelassen haben, erreichen wir die »Ameisenstation«, viele Ameisenhügel links und rechts des

Weges, und eine Infotafel erklärt die Bedeutung der Ameise für das Ökosystem. Wir passieren einen Balancierbalken und können uns in einer Sprunggrube mit den tierischen Weitspringern wie Hase oder Reh

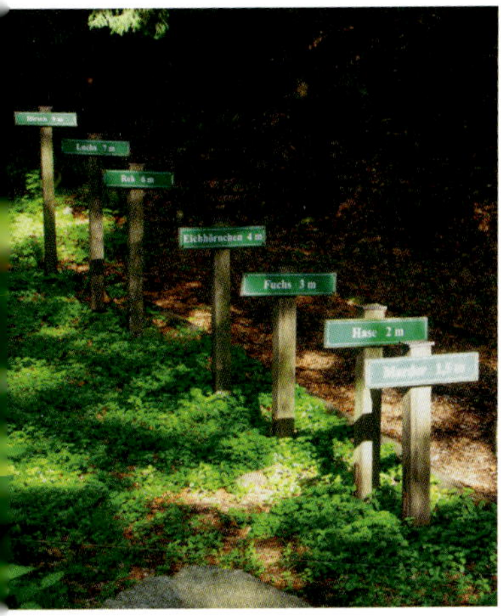

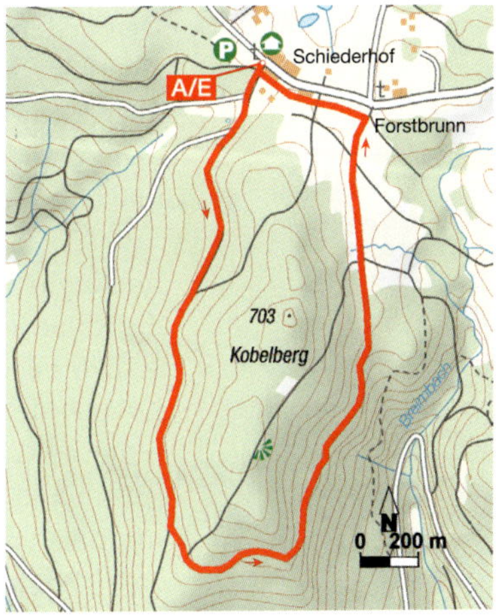

Ein Eichhörnchen springt 4 Meter?!

messen. Gut eineinhalb Kilometer nach dem Start gabelt sich der Weg und wir bleiben oben und folgen dem linken Ast. Wir umrunden nun den Südhang des Kobelbergs, der sonst schattige Wald ist hier etwas lichter und erlaubt schöne Ausblicke über den Gäuboden. Wer noch mehr sehen will, macht etwa 150 Meter nach der Abzweigung den ebenso langen, aber sehr steilen Abstecher zum »Donaublick«. Derweil schwenkt der Hauptweg im leichten Anstieg wieder nach Norden. Schattseitig wandern wir zurück und werden am Waldrand von idyllischen Wiesen, Feldern und dem »Barfußweg« empfangen. Die Schotterstraße ziert hier übers Feld ein feiner, grüner Mittelstreifen. Schließlich erreichen wir die Zufahrtstraße, über die wir nach links in wenigen Minuten wieder den Ausgangspunkt erreichen.

40 Schlossbergrunde

Tour für Genießer

leicht | 3,4 km | 105 Hm | 1.30 Std.

Tourencharakter: Überschreitung des aussichtsreichen Schlossbergs, stellenweise steil.

Ausgangspunkt/Endpunkt: Neurandsberg, Wanderparkplatz am Wirtshaus

Höchster Punkt: Schlossberg mit Ruine (588 m)

Anfahrt: Auto: A3 Ausfahrt Straubing, auf B20 Richtung Cham. Bei Loitzendorf Richtung Neurandsberg oder B85 Richtung Prackenbach, bei Unterrubendorf nach Neurandsberg. Bus & Bahn: Mit der Waldbahn nach Viechtach und dem Bus ab Schulzentrum nach Neurandsberg.

Einkehr: Wirtshaus Neurandsberg, Rattenberg, 09963/10 27, www.wirtshaus-neurandsberg.de; Stoi, Rattenberg, www.ludwigmaurer.com, Öffnungszeiten erfragen

Karte: Kompass, Bayerischer Wald, 1:50 000, Nr. 198, Karte 2

Informationen: Touristinfo Rattenberg, Dorfplatz 15, 94379 Rattenberg, 09963/941 00, www.urlaubsregion-sankt-englmar.de

Den ersten Teil müssen wir uns verdienen, doch sind wir erst einmal auf dem Schlossberg, liegt nur noch Genuss vor uns: die herrliche Aussicht über den Vorwald, die Wallfahrtskirche, feine Feldwege und eine leckere Einkehr.

Im August ist es soweit: Einmal im Jahr erwacht die Ruine auf dem Neurandsberger Schlossberg zu neuem Leben, und der Förderverein hübscht die Anlage für das Burgspektakel auf. Gelegen in verträumter Gegend zwischen den touristischen Hotspots Sankt Englmar und Bad Kötzting, ist der Berg für Ruhesuchende das ganze Jahr über einen Besuch wert. Wir starten die Rundwanderung am großen Parkplatz vor dem Wirtshaus Neurandsberg. Wir laufen rechts daran vorbei und folgen der schmalen Anliegerstraße, die in spürbarer Steigung hinter dem Wirtshaus Richtung Schlossberg führt. Links ein kleiner Spielplatz, dahinter Wiesen, die schon Fernblick erahnen lassen. Ein Stück weiter oben steht junges Vieh am steilen Hang, links ein wunderschöner alter Hof. Wenige Schritte weiter macht der Weg noch vor der Wallfahrtskirche Maria Geburt einen kurzen, aber sehr steilen Aufschwung. Von der Bank vor dem Burgtor haben wir dann einen herrlichen Weitblick über das Viechtacher Land. Wir gehen wieder hinunter zur Kirche und laufen links um sie herum. An der Gabelung steigen wir im Wald nach rechts wieder bergab. Sobald wir die Teerstraße erreichen, folgen wir ihr nach links bis Kellburg. Wir biegen dort an der kleinen Kreuzung links ein, folgen der Zufahrt

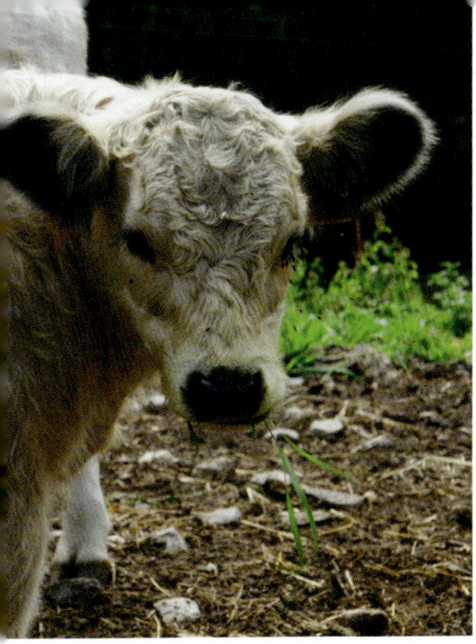

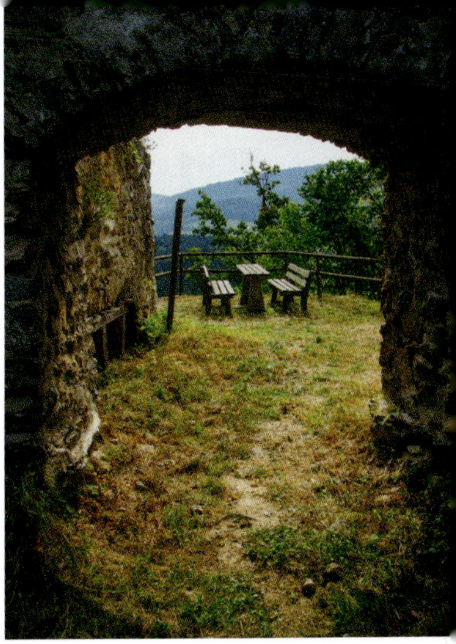

(rechts geht es zum »Stoi«), um am letzten Haus nach rechts abzuzweigen. Quer über Wiesen geht es hinunter Richtung Klinglbach. An der nächsten Gabelung halten wir uns links und laufen in einer weiten Linkskurve im Talgrund wieder Richtung Schlossberg. Vor uns ist bald der mächtige Steinbruch zu erkennen. Wir queren den Hang in stetigem Anstieg und erreichen im Rücken des Steinbruchs wieder den Parkplatz.

Panoramarast vor dem Burgtor

Links: Lass mich in Ruh! Muh!

Einkehr

Wandern geht durch den Magen: Gleich zwei Wirtshäuser liegen am Weg, die für sich die Reise wert sind. Im Wirtshaus Neurandsberg wird neben allerlei für den Magen auch viel fürs Hirn geboten. Das Programm der eigenen Kleinkunstbühne muss den Vergleich mit der großen Stadt nicht scheuen. Und im »Stoi« serviert Koch und Globetrotter Ludwig Maurer Saftiges vom Grill aus seiner Kobe-Rinderzucht.

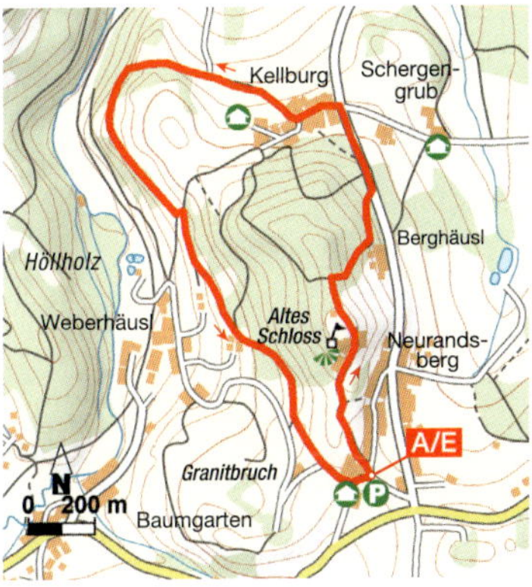

41 Durch das Vilsmoos

Wo das Heilwasser sprudelt

leicht | 8,6 km | 87 Hm | 2.45 Std.

Tourencharakter: Beschauliche und einsame Rundwanderung mit schönen Weitblicken über den Vorwald.

Ausgangspunkt/Endpunkt: Heilbrunn, Parkplatz am Magdalenenplatz (Kriegerdenkmal)

Höchster Punkt: Anstieg nach dem Kreuzweg (680 m)

Anfahrt: Auto: A3 Ausfahrt Kirchroth und über Wiesenfelden Richtung Zinzenzell. Heilbrunn liegt 2 km hinter Wiesenfelden. Bus & Bahn: Keine Anfahrt.

Einkehr: Gasthaus Steudl, Wirtsstraße 7, 94344 Wiesenfelden/Heilbrunn, 09966/734, Mi–So ab 9 Uhr

Karte: Kompass, Bayerischer Wald, 1:50 000, Nr. 198, Karte 2

Informationen: Touristinfo Wiesenfelden, Georgsplatz 1, 94344 Wiesenfelden, 09966/94 00 16, tourismus@wiesenfelden.de, www.tourismus-wiesenfelden.de

Inmitten der Hügel des Falkensteiner Vorwaldes finden wir ein Kleinod für Naturfreunde. Abseits des Trubels führt ein einfacher Rundweg durch das Vilsmoos bei Heilbrunn und überrascht mit verträumten Aussichtsplätzen.

Vom Kriegerdenkmal am Magdalenenplatz aus folgen wir dem Weg (Markierung Nr. 6) bergab Richtung Kirche, die wir jedoch rechts passieren, ebenso die Gnadenkapelle Frauenbrünnl. Geradeaus weiter überqueren wir nach 250 Metern eine kleine Landstraße, um schräg rechts gegenüber auf dem Kreuzweg im Wald weiterzulaufen. Wir erreichen eine Schotterstraße, der wir nach links leicht bergauf folgen. Etwa am höchsten Punkt erreichen wir den

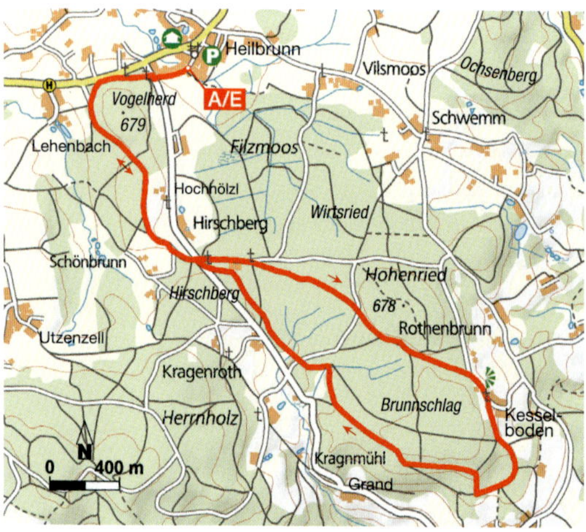

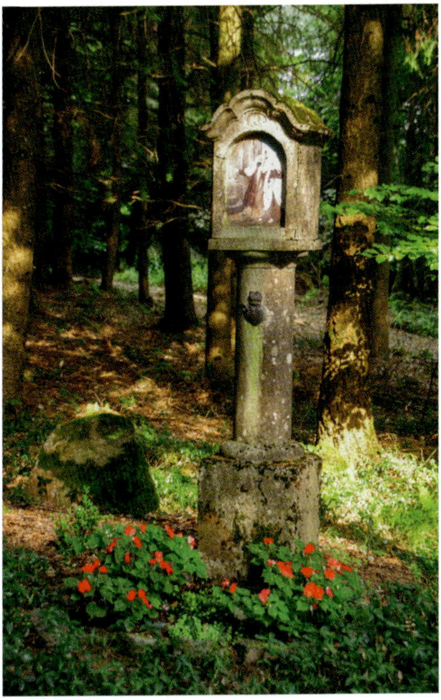

Waldrand und folgen ihm wieder hinab zur Landstraße. Wir überqueren sie und nehmen den Schotterweg geradeaus. Etwa zwei Kilometer wandern wir so einfach durch den Wald, ehe wir oberhalb eines alleinstehenden Hofes erneut den Waldrand erreichen. Ein herrlicher Fernblick auf die Höhenzüge des Mittleren Bayerischen Waldes erwartet uns. Nicht umsonst steht hier auch eine Rastbank, die wir bei diesem Panorama gerne nutzen. Danach führt der Feldweg nach rechts bergab und hat im Wald seinen tiefsten Punkt erreicht. Das heißt für uns, an der Wegekreuzung geradeaus weiter und wieder einen kurzen Anstieg überwinden. Danach flacht der breite Weg wieder ab, ist aber im Sommer im Gänsemarsch zu erwandern, weil links und rechts hohes Gras wächst. Schließlich erreichen wir wieder eine Forststraße. Hier biegen wir links ein. Einen knappen Kilometer weiter treffen wir erneut auf einen Schotterweg, den wir trotz des Wegweisers ungläubig überqueren. Vorbei an einem Wasserspeicher biegt der Weg jenseits der kleinen Lichtung rechts sehr eingewachsen in den Wald. So schlängeln wir uns bis zum bekannten Knotenpunkt an der Landstraße und folgen ab hier dem Herweg.

Heilwasser-Quelle

Während des Dreißigjährigen Krieges vergrub ein Mann ein Marienbild, um es vor den Schweden in Sicherheit zu bringen. Als er später zu krank war, um es selbst auszugraben, schickte er seine Frau. Seither sprudelt an dieser Stelle Heilwasser und begründet die Marienwallfahrt von Heilbrunn. Wir passieren die Quelle nahe der Kirche.

Oben: Zu Beginn begleitet uns der Kreuzweg.

42 Rund um den Hadriwa

Waldberg mit Aussicht

leicht | 6,1 km | 205 Hm | 2.45 Std.

Tourencharakter: Beliebte Rundwanderung mit uriger Einkehr.

Ausgangspunkt/Endpunkt: Wanderparkplatz an der Landstraße bei Haibach/Riedern

Höchster Punkt: Hanslhütte (880 m)

Anfahrt: Auto: A3 Ausfahrt Bogen und auf St2139 über Steinburg nach Grün. Weiter Richtung Elisabethszell. Parkplatz ist an der Landstraße.

Einkehr: Hanslhütte, Riedelswald 1, 94353 Elisabethszell, 09963/29 02 66, info@hansl-huette.de, (Sa–So, 11–18 Uhr); Terrassencafé Monika, Schuhchristleger 2, 94353 Haibach, 09965/712, urlaub.bei@gaestehaus-monika.de, www.gaestehausmonika.de (Sa–Mo)

Karte: Kompass, Bayerischer Wald, 1:50 000, Nr. 198, Karte 2

Informationen: Touristinfo Haibach-Elisabethszell, 09963/94 30 39 15, tourismus@haibach-sr.de, www.haibach-elisabethszell.de

Der Rundweg, der den Waldgipfel Hadriwa auf halber Höhe umzieht, ist einfach. Vom Weiler Schuhchristleger haben wir zudem eine herrliche Aussicht hinaus über den Gäuboden. Bei der Hanslhütte gibt es die Aussicht sogar zur Brotzeit.

Den Parkplatz säumen eine Reihe für den Bayerischen Wald typischer Totenbretter. Wir laufen rechts an ihnen vorbei und nehmen kurz danach an der Ga-

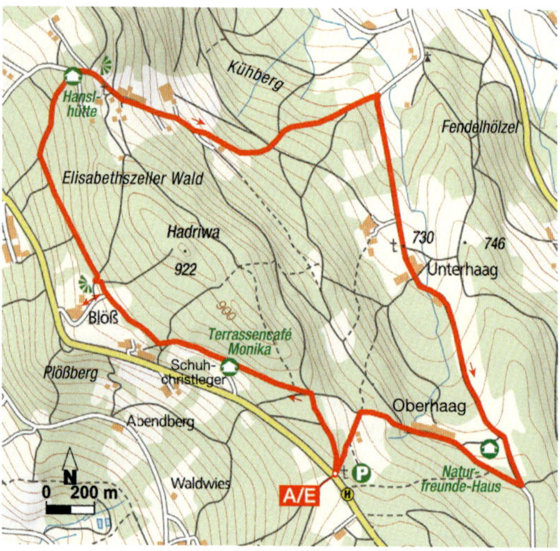

belung den Weg nach links (Markierung 5). Der Wegweiser Richtung »Hanslhütte« führt anspruchsvoll über den felsigen Gipfelbereich des Hadriwa. Wir erreichen die urige Einkehr ebenfalls, nur auf einem einfachen Weg. Dieser führt uns durch den lichten Wald zunächst Richtung Schuhchristleger. Sobald wir den Waldrand erreichen, sehen wir unten die Dächer des Café Monika. Der kurze Abstieg und eine Einkehr auf der Terrasse werden mit einer schönen Aussicht über den Gäuboden belohnt. Danach folgen wir unserem Weg, der bald wieder in den Wald mündet. Die Abzweigung (rechts Markierung 11) ignorieren wir und halten auf unserer Höhe weiter geradeaus (Markierung 9). Nach einem Kilometer zweigen wir rechts ab und steigen das kurze Stück steil hinauf zur Hanslhütte auf dem aussichtsreichen Sattel zwischen Hadriwa und Sicklasberg. Im Rücken die Aussicht über die Hügel des Vorwaldes und vor uns der Ausblick Richtung Arberland. Das Tausenderpanorama des Mittleren Bayerischen Waldes wird vom Pröller gleich auf der anderen Talseite eröffnet. Mit diesen Weitblicken lässt es sich in der Hanslhütte gut einkehren, deren Terrasse sich dem Pröller zuwendet. Diesem Ausblick folgen wir nun der Teerstraße bergab nach Riedelswald. Kurz vor dem letzten Haus biegen wir rechts in den Forstweg, der uns schließlich über den Weiler Oberhaag auf der Schattenseite des Hadriwa zurück zum Parkplatz führt.

Unten: Ausblick über den Gäuboden

Kurpark Sankt Englmar

Der Kurpark in Sankt Englmar bietet nach einer Wanderung das richtige Entspannungsprogramm: Kneippbecken, Naturbadeweiher und Liegewiese – oder eine Einkehr im Wirtshaus Mühlstube.

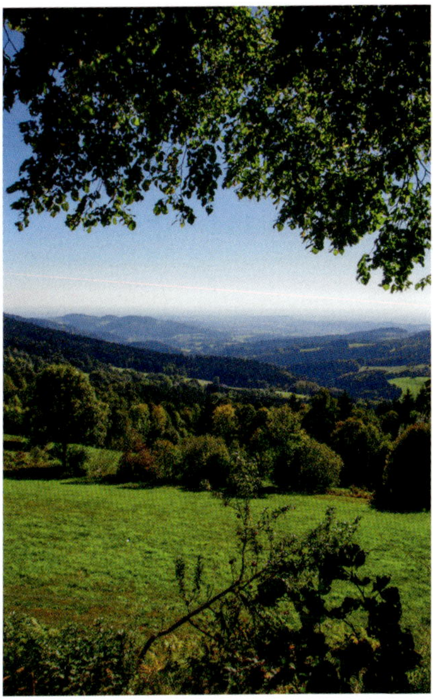

43 Auf den Pröller

Leichter Tausender im Vorwald

leicht | 6,4 km | 202 Hm | 2 Std.

Tourencharakter: Einfache und aussichtsreiche Gipfelüberschreitung.

Ausgangspunkt/Endpunkt: Sankt Englmar, Parkplatz Markbuchener Sattel

Höchster Punkt: Pröller (1048 m)

Anfahrt: Auto: A3 Ausfahrt Bogen, weiter auf St2139 über Hunderdorf und Neukirchen nach Sankt Englmar.

Einkehr: Berggasthof Hinterwies, Hinterwies 3, 94379 Sankt Englmar, 09965/408, kreutz7@freenet.de, www.berggasthof-hinterwies.de, Di–So 9–18 Uhr, Mo Ruhetag; Berggasthof Hochpröller, Hochpröller 1, 94379 Sankt Englmar, 09965/471, info@hochproeller.com, www.hochproeller.com

Karte: Kompass, Bayerischer Wald, 1:50 000, Nr. 198, Karte 2

Informationen: Urlaubsregion Sankt Englmar, Rathausstraße 6, 94379 Sankt Englmar, 09965/84 03 20, info@urlaubsregion-sankt-englmar.de, www.urlaubsregion-sankt-englmar.de

Der Pröller ist ein Berg für vier Jahreszeiten. Vom Frühjahr bis in den Herbst gehört er den Wanderern und Mountainbikern, im Winter den Skifahrern. Nicht weit von Regensburg, im Vorwald gelegen, lohnt sich auch noch eine späte Anreise für ein einfaches Wandervergnügen.

Am hinteren Ende des Wanderparkplatzes Markbuchener Sattel geht es zunächst eben in den Wald (Markierung »Goldsteig«). Bei der ersten Gabelung biegen wir nun in den Aufstieg nach links und folgen dem Weg, der sich etwa zwei Kilometer durch Nadelwald und über eine Lichtung schlängelt. Die letzten 100 Meter vor dem Gipfel geht der breite Forstweg in einen Pfad über, der dann mit Steinen und Wurzeln durchsetzt ist. Bei Nässe ist hier Vorsicht angebracht. Schließlich stehen wir unter dem hohen, hölzernen Gipfelkreuz. Auf 1048 Metern haben wir dank der Schneise der Pröller-Nordhang-Piste einen herrlichen Weitblick in das Innerste des Bayerischen Waldes. Der Osser, die Tausenderkette des Kaitersbergs und

Englmari-Suchen

Jedes Jahr an Pfingsten findet das »Englmari-Suchen« statt. Das volkstümliche Spiel mit religiösem Hintergrund erinnert an die Heimholung der sterblichen Hülle des Eremiten Engelmar, der um 1100 von seinen Gefährten ermordet und im Schnee verscharrt wurde. Er gab dem Ort seinen Namen (www.urlaubsregion-sankt-englmar.de).

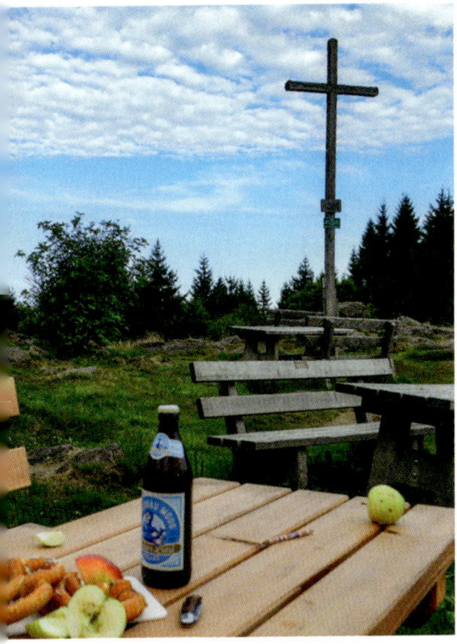

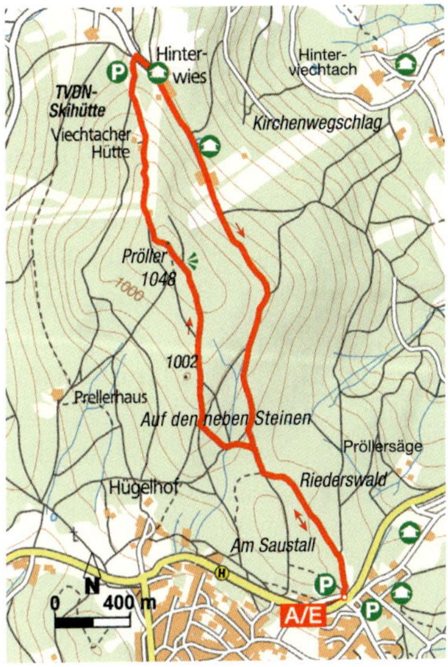

Gipfelbrotzeit!

der Große Arber sind am Horizont gut auszumachen. Eine Panoramakarte klärt uns über jeden weiteren Gipfel auf. Eine Bank für eine Rast findet sich auch. Mit dem Panorama im Rücken folgen wir vom Gipfel dem breiten Schotterweg Richtung Wald. Nach einer Rechtskurve erreichen wir die Bergstation des Hinterwieslifts. Die Piste gibt die Richtung vor. Am linken Pistenrand laufen wir immer geradeaus bergab. Dort, wo sich im Winter Skifahrer tummeln, sind im Sommer Pferde auf der Koppel. Vorbei an der Viechtacher Hütte der Naturfreunde erreichen wir nach einem Kilometer die Talstation in Hinterwies. Gegenüber liegt der Berggasthof Hinterwies. Von hier führt die Zufahrt (Markierung 4) rechts in wenigen Minuten zum Berggasthof Hochpröller auf einer Lichtung unterhalb des Gipfels. Ohne besonders Höhe zu machen, erreichen wir von hier nach zweieinhalb Kilometern wieder den Wanderparkplatz.

44 Zu den Nagelsteiner Wasserfällen

Wanderung zu einem sprudelnden Bergbach

leicht | 5 km | 166 Hm | 1.30 Std.

Tourencharakter: Überwiegend schattiger Weg zum Wasserfall im engen Talschluss, dort mitunter rutschiger Stein am Weg.

Ausgangspunkt/Endpunkt: Obermühlbach, Parkplatz in der Dorfstraße nähe Feuerwehrhaus

Höchster Punkt: Am Umkehrpunkt (625 m)

Anfahrt: Auto: A3 Ausfahrt Bogen und über Hunderdorf und Neukirchen nach Obermühlbach. Bus & Bahn: Keine Anfahrt.

Einkehr: Keine Einkehr auf der Tour.

Karte: Kompass, Bayerischer Wald, 1:50 000, Nr. 198, Karte 2

Informationen: Urlaubsregion Sankt Englmar, Rathausstraße 6, 94379 Sankt Englmar, 09965/84 03 20, info@urlaubsregion-sankt-englmar.de, www.urlaubsregion-sankt-englmar.de

Wenn die Sonne brennt und man seine Ruhe sucht außerhalb von Sankt Englmar, ist die einfache Rundwanderung ein Geheimtipp. Allerdings sollte der Rucksack gepackt sein. Eine Einkehr gibt es nicht, dafür aber ein kühles Fußbad.

Südwestlich von Sankt Englmar schlängelt sich der Obermühlbach durch ein verträumtes Wiesental. Vom gleichnamigen Ort laufen wir auf der Schulstraße nach Norden (Markierung 17) aus dem Dorf hinaus. An der ersten Gabelung heißt es für uns geradeaus und auf der linken Talseite quer über die Wiesen und Felder in Richtung des Weilers Feldhof. Noch ein kurzes Stück auf der geteerten Zufahrtstraße laufen wir zum Wald und verlassen nach links die Straße kurz vor dem letzten Hof, der sich in einer Nische im Waldrand eingerichtet hat. Bis zur Schneidsäge, kurz vor dem Talschluss, folgen wir dem breiten und schattigen Waldweg. Bei dem einsamen Anwesen überqueren wir den Bach und folgen nun der schmalen Straße nach links. Noch ehe die Straße sich steil aus dem Talboden hinaufschwingt, zweigen wir be-

Sommerrodeln

Wer Trubel sucht, der wird im Rodel- und Freizeitparadies in Grün fündig: Rutsch- und Rodelbahnen, Streichelzoo und Aussichtsturm. Für jeden, der nach ausgelassenem Vergnügen sucht, ist etwas dabei. Eine Einkehr gibt es natürlich auch (www.sommerrodeln.de).

reits wieder nach links auf den schmalen Pfad. Ein knapper Kilometer liegt noch vor uns bis zu den Nagelsteiner Wasserfällen, wobei es sich nicht um einen großen Wasserfall handelt, sondern uns der Bach in vielen kleineren und größeren Kaskaden schon weit vor dem Umkehrpunkt entgegensprudelt. Der Weg führt am rechten Ufer breit und mäßig steil hinauf in die Schlucht des Talschlusses. Der moosig-feuchte Granit auf dem Weg kann rutschig sein. Schließlich treffen wir auf eine Brücke. Die Bank in der Nähe eig-

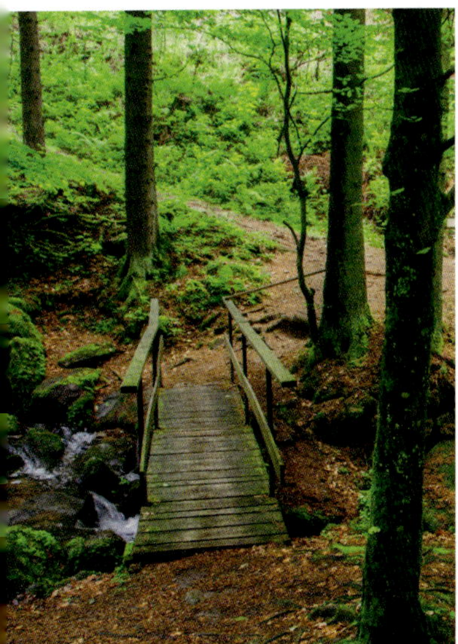

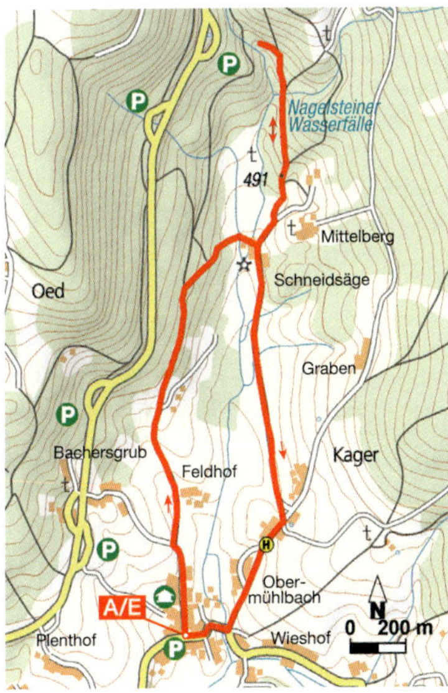

net sich als idealer Rast-und Umkehrpunkt. Wer mag, folgt dem Weg über den Steg ein kurzes Stück hinauf: Ein erstaunlicher Tiefblick in den Talschluss tut sich auf. Wie gekommen, geht es zurück, wobei wir an der Schneidsäge geradeaus weiterlaufen und nun auf der anderen Talseite nach Obermühlbach zurücklaufen.

Die Brücke markiert den Umkehrpunkt unserer Zielwanderung.

45 Auf den Hirschenstein

Aussichtsturm hoch über Deggendorf

leicht | 5,6 km | 202 Hm | 1.45 Std.

Tourencharakter: Einfache Wanderung überwiegend auf Schotter auf einen herrlichen Aussichtsberg.

Ausgangspunkt/Endpunkt: An der Schranke der Forststraße hinter Öd

Höchster Punkt: Hirschenstein (1092 m)

Anfahrt: Auto: Von Deggendorf (A3/A92) auf B11 (Stadttunnel), im Tunnel Abzweigung und weiter auf Egger Straße stadtauswärts. Über Egg zum Sattel Kalteck. Etwa 1 km nach Achslach links nach Öd (Öd-Hof). Danach weiter auf Schotter bergauf bis zur Schranke. Bus & Bahn: Keine Anfahrt.

Einkehr: Keine Einkehr am Weg.

Karte: Kompass, Bayerischer Wald, 1:50 000, Nr. 198, Karte 2

Informationen: Touristinfo Achslach, Dorfplatz 4, 94250 Achslach, 09929/90 20 13, touristik-info@achslach.de, www.achslach.de

Seit bald 100 Jahren verhilft der Aussichtsturm auf dem Hirschenstein zu einer Aussicht vom Arber bis in die Alpen. In einer einfachen Zielwanderung können wir uns dieses Genusspanorama gemütlich erwandern.

Von Deggendorf kommend, fahren wir über den Sattel von Kalteck und auf der Landstraße Richtung Viechtach. Kurz nach Achslach zweigt unscheinbar eine Stichstraße links ab. Ihr Ziel ist der Weiler Öd. Zwei Kilometer dahinter im Wald stoppt uns eine Schranke, und hier beginnt unsere Wanderung (Markierung Blau 2). Jenseits der Schranke folgen wir der Schotterstraße und erreichen nach etwa 200 Metern das Platzl. Eine bewässerte Pyramide aus Granitblöcken wächst grün in die Höhe, in ihrem Schatten steht eine Rastbank. An dieser weitläufigen Kreuzung treffen verschiedene Wege aufeinander. Den ersten Weg nach links passieren wir noch, um dann jedoch nach links bergauf zu laufen (Markierung Rot 4, Blau 3, »Hirschenstein«). Nach wenigen Metern gabelt sich der Weg erneut und wir folgen dem linken Ast. Der

Schloss Egg

Am Fuße des Hirschenstein steht Schloss Egg. Türme, Gänge, Kerker und knarzende Treppen: 900 Jahre Geschichte waren sogar einmal Kulisse für einen Fünf-Freunde-Kinderfilm. In der warmen Jahreszeit finden regelmäßige Führungen statt (www.schloss-egg.de).

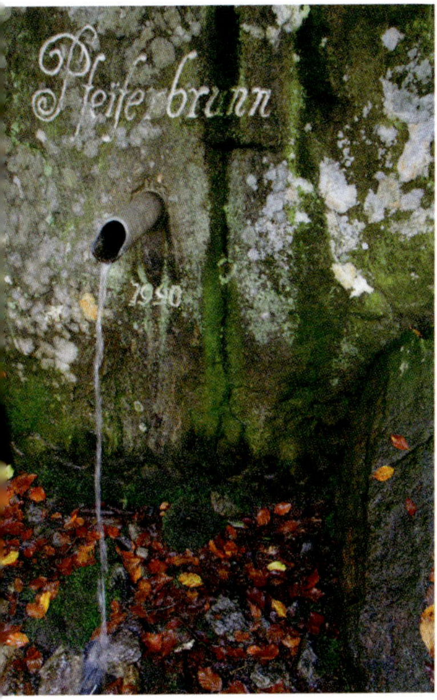

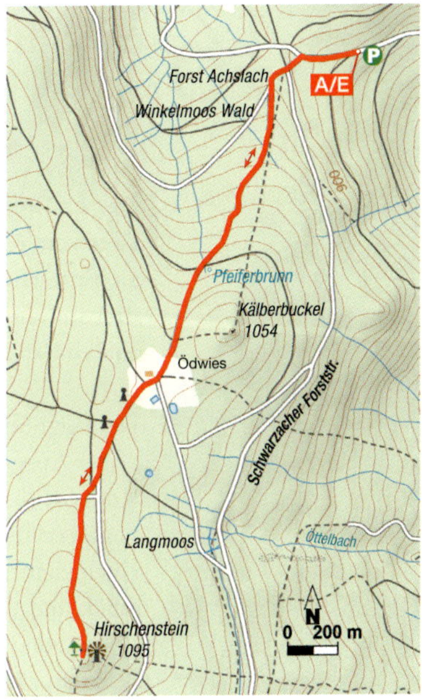

breite Schotterweg steigt gleichmäßig an und ist gut zu laufen. Am Pfeiferbrunn staut ein mächtiger Granit das Quellwasser, das über ein Rohr aus ihm heraussprudelt. Ab hier flacht der Weg zusehends ab und verläuft über das ehemalige Bauernland von Ödwies beinahe eben. Hinter dem ehemaligen Forsthaus kündigt der Wegweiser den Hirschenstein in 1,2 Kilometern an. Die erste Hälfte verläuft noch auf einem ebenen Schotterweg, der nach einem überdachten Rastplatz auf einer kleinen Lichtung (an der Gabelung hier rechts) in einen einfachen Waldweg aus Wurzeln und Granit übergeht. Schließlich erreichen wir den aussichtsreichen Turm am Gipfel. Davor gibt es jede Menge Sitzgelegenheiten für die Gipfelrast: eine kleine Schutzhütte, querliegende Baumstämme, Felsen. Der Rückweg erfolgt auf dem Aufstiegsweg.

Mit Quellwasser den Anstiegsschweiß kühlen. Bald wird es flacher.

46 Lallinger Steinbruchweg

Idyllische Runde durch den Obstgarten Bayerns

leicht | 8 km | 155 Hm | 2 Std.

Tourencharakter: Einfache Rundwanderung, sehr idyllisch an der Hengersberger Ohe.

Ausgangspunkt/Endpunkt: Lalling, Feng-Shui-Kurpark

Höchster Punkt: Euschertsfurth (425 m)

Anfahrt: Auto: A3 Ausfahrt Hengersberg, auf B533 Richtung Grafenau, kurz vor Hunding links auf St2133 nach Lalling, der Feng-Shui-Kurpark liegt an der Landstraße. Bus & Bahn: Mit der Bahn nach Deggendorf, weiter mit dem Bus

Einkehr: Kiosk im Feng-Shui-Kurpark, Ostern bis Mitte Dezember tägl. ab 11 Uhr, weitere Infos über die Touristinfo Lalling

Karte: Kompass, Bayerischer Wald, 1:50 000, Nr. 198, Karte 3

Informationen: Touristinfo Lallinger Winkel, Hauptstraße 17, 94551 Lalling, 09904/374, info@lalling.de, www.lallingerwinkel.de

Der Lallinger Winkel ist dank seiner geschützten Lage vom Klima begünstigt. Wie ein Hufeisen legen sich die Höhenzüge um den Talkessel. Sie halten den steifen Ostwind ab und lassen die Sonne von Süden herein – zur Freude der Obstbauern.

Der Feng-Shui-Kurpark in Lalling ist ein stimmungsvoller Ausgangspunkt unserer Rundwanderung, ein Kraftort, zu dem wir später gerne zurückkehren. Wir verlassen den Park nach Süden (Markierung 3) über einen kleinen Bach, durchwandern eine kurzes Waldstück und queren danach zwischen Pferdekoppeln, Wiesen und Feldern hinüber nach Euschertsfurth. Im Schatten einer mächtigen, über 500 Jahre alten Linde

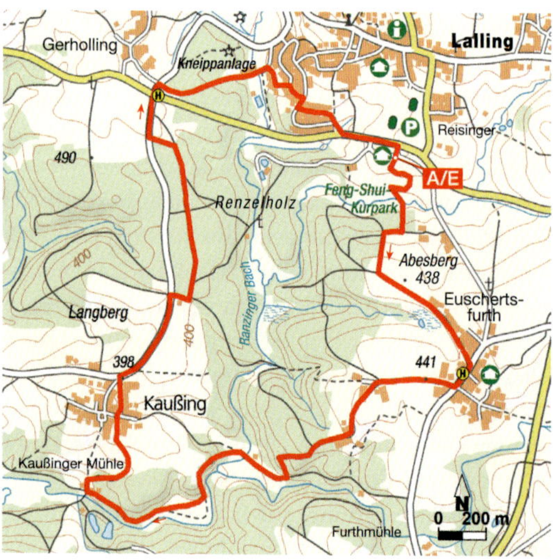

biegen wir rechts ab und folgen der Zufahrt vorbei an den letzten Häusern hinunter zum Wald. Der einfache Waldweg führt in ein romantisches Bachtal. Wo sich Ranzinger und Gneistiger Bach zur Hengersberger Ohe vereinen, treffen wir zwischen Wiesen und Wäldern auf das E-Werk Euschertsfurth. Der schmale Steg führt zum anderen Ufer, dem wir nach links folgen. Im Herbst von Laub übersät, eben und einfach verläuft der idyllische Weg vorbei am ehemaligen Steinbruch zur Kaußinger Mühle. Zuletzt war in der Mühle eine Kantine für die Arbeiter in den nahegelegenen Steinbrüchen untergebracht. Mit der Schließung der Steinbrüche in den 1970er-Jahren verlor auch die Mühle ihre letzte Funktion. Wenn wir dort angekommen sind, folgen wir dem Weg, der kurz vor dem Haus hinaufsteigt nach Kaußing. Wir verlassen den Ort an der Landstraße nach rechts Richtung Gerholling. Parallel zur Straße, zunächst direkt daneben, später etwas versetzt im Wald, erreichen wir die Kreuzung zweier Landstraßen bei Gerholling. Dort, wo das Verkehrsschild nach links zum Ort deutet, folgen wir gegenüber dem Forstweg nach rechts hinunter an den Ortsrand von Lalling. Hier treffen wir wieder auf den Ranzinger Bach, der rechts unseres Weges die Kneippanlage speist. Nach dem erfrischenden Abstecher folgen wir der Hauptstraße durch den Ort, bis zum Tourismusbüro. Dort folgen wir nach rechts dem Pfarrweg zum Sportplatz und dem Feng-Shui-Kurpark dahinter.

Ausgang des Feng-Shui-Kurparks und Beginn des Wanderwegs

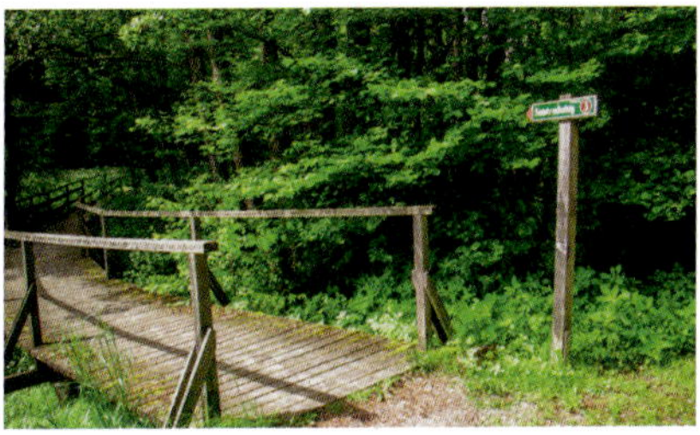

Lallinger Markt

Alljährlich am 3. Sonntag im Oktober findet der Lallinger Obst- und Bauernmarkt statt. Zum Ende der Obstsaison bieten die Erzeuger aus der Region ihre Produkte an: Säfte, Marmeladen, Gelees, Liköre und Brände. Ein genussvoller Erntedank ... (www.lalling.de).

47

Rundweg am Büchelstein

Tour zum Abheben

leicht | 5 km | 237 Hm | 1.45 Std.

Tourencharakter: Spektakulärer Tief- und Ausblick am Kreuz, Wege im Wald bei Nässe sumpfig und rutschig.

Ausgangspunkt/Endpunkt: Büchelstein, Parkplatz am Skilift Kerschbaumlift

Höchster Punkt: Büchelstein (832 m)

Anfahrt: Auto: A3 Ausfahrt Hengersberg, auf B533 weiter Richtung Grafenau. Abzweigung nach Grattersdorf. Am Ortsende links nach Büchelstein. Bus & Bahn: Keine Anfahrt.

Einkehr: Gasthof zum Büchelstein, Kerschbaum 29, 94541 Grattersdorf, 09908/224

Karte: Kompass, Bayerischer Wald, 1:50 000, Nr. 198, Karte 3

Informationen: Touristinfo Region Sonnenwald, Schulgasse 4, 94579 Zenting, 09907/872 00 15, info@region-sonnenwald.de, www.region-sonnenwald.de

Der Büchelstein, ein Vorberg des Brotjacklriegels, bietet uns Wanderern von einem Aussichtsfelsen einen herrlichen Weitblick über das Donautal. Den Drachenfliegern ist das nicht genug. Sie stürzen sich auf einer schwindelerregenden Rampe über den steilen Felsabbruch.

Am Kerschbaumer Skilift, unterhalb der Straße Richtung Brotjacklriegel, können wir parken. Von hier überqueren wir besagte Landstraße und laufen auf der Zufahrtstraße in den Ort hinein. Nach wenigen Metern passieren wir die Einkehr. Dem Gasthof zum Büchelstein statten wir erst am Ende der Rundwanderung einen Besuch ab. Also erstmal daran vorbei und links der Straße nach bergauf (Markierung 54). Zunächst laufen wir durch ein kleines Waldstück in mäßiger Steigung und noch auf Teer bis Oberaign. Eine Schranke ist für uns kein Hindernis, und bereits dahinter geht es weiter auf Schotter. Der Weg flacht im Wald ab, und schon zu Beginn unserer Wande-

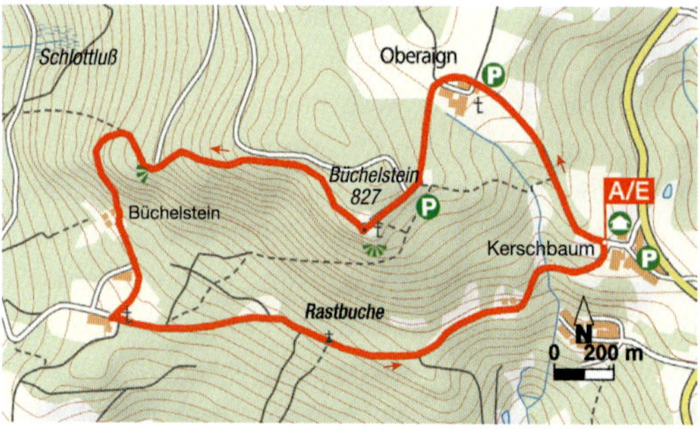

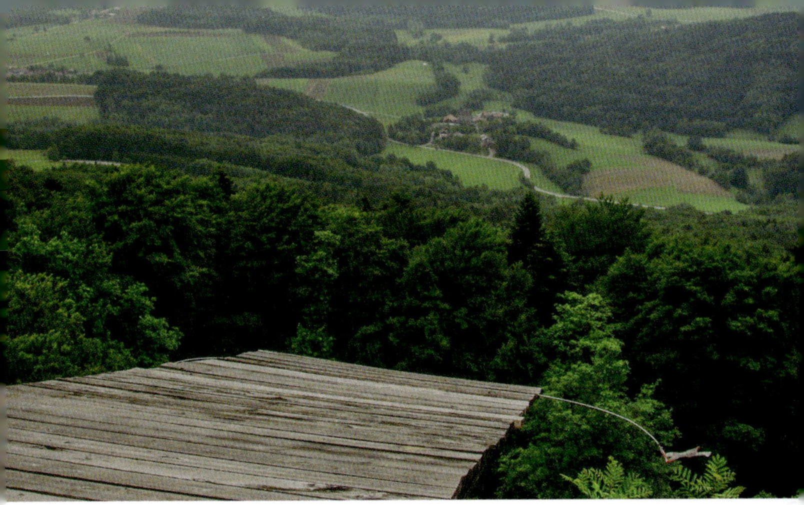

rung haben wir den höchsten Punkt am Büchelstein auf einer Lichtung erreicht. Hinter uns liegt der Wald und vor uns ein spektakulärer Felsabbruch, auf dem sich die Freunde des Drachenfliegens eine schwindelerregende Startrampe errichtet haben. Uns genügt die Aussicht vom Gipfelkreuz daneben. Wir steigen wieder hinunter und halten auf den linken Rand der Lichtung zu. Ein einfacher, von Laub bedeckter Waldweg führt stetig bergab, bis wir nach etwa einem Kilometer am Wendehammer einer Forststraße den Kleinen Büchelstein erreichen. Nach dem Abstecher dreht der Weg nach links und führt hinunter zum Weiler Büchelstein. Vor uns liegen nun zwei Kilometer Anstieg durch schattigen Laubwald. Wie bestellt, passieren wir etwa bei der Hälfte die Wallfahrtskapelle Rastbuche. Bänke laden zu einer Rast ein, ehe wir schließlich den letzten Teil der Rundwanderung nach Kerschbaum in Angriff nehmen.

Ohne Fallschirm betreten verboten: Die Startrampe der Drachenflieger ist nichts für Schwindelanfällige.

Pichelsteiner

Erdäpfel, gelbe Rüben, Petersilie, Zwiebel, Fleisch von Schwein, Ochse und Kalb sowie scharfe Gewürze und frischer Rindernierentalg: Das Rezept des berühmten Eintopfs, auch bekannt als Pichelsteiner, wird der Wirtin Augusta Winkler aus Grattersdorf zugeschrieben. Mitte des 19. Jahrhunderts soll es gewesen sein.

48 Turmrunde auf dem Brotjacklriegel

700 Meter über der Donau

leicht | 4 km | 188 Hm | 1.30 Std.

Tourencharakter: Einfacher, stellenweise steiler Weg mit Rundumpanorama vom Aussichtsturm.
Ausgangspunkt/Endpunkt: Langfurth, Parkplatz am Feuerwehrhaus

Höchster Punkt: Brotjacklriegel (1011 m)

Anfahrt: Auto: A3 Ausfahrt Hengersberg, der B533 folgen Richtung Grafenau. Bei Schöfweg abzweigen nach Langfurth. Parkplatz liegt gegenüber Brotjacklriegel-Lift. Bus & Bahn: Keine Anfahrt.

Einkehr: Turmstüberl im Aussichtsturm, 0171/32 560 55

Karte: Kompass, Bayerischer Wald, 1:50 000, Nr. 198, Karte 3

Informationen: Touristinfo Sonnenwald, Schulgasse 4, 94579 Zenting, 09907/872 00 15, info@region-sonnenwald.de, www.region-sonnenwald.de

Mit knapp über 1000 Metern erhebt sich der Brotjacklriegel als einer der höchsten Gipfel im Donaukamm über das Flusstal. Seine steilen Westhänge und der Funkturm, der wie ein Dorn aus seiner Spitze ragt, verleihen ihm eine schon von weitem unverwechselbare Silhouette.

Gegenüber dem Parkplatz beim Feuerwehrhaus in Langfurth zweigt der Brotjacklriegelweg von der Landstraße ab und quert zunächst steil die Wiesen am Westhang des Sturmriegels, wo sich im Winter die Skifahrer tummeln. Weiter oben flacht die schmale Zufahrtstraße ab, und wir haben für längere Zeit ein letztes Mal Gelegenheit, die Aussicht über den Gäu-

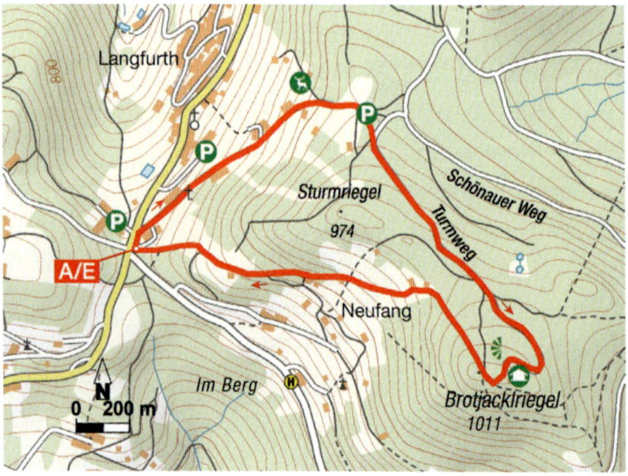

boden zu genießen. Denn nach etwa einem Kilometer endet die Teerstraße am Parkplatz am Waldrand und der Gipfelanstieg zum Brotjacklriegel im dichten

Bergwald beginnt. Vor dem Parkplatz biegen wir rechts ein. Wir folgen der Markierung 18, haben jedoch zwei Möglichkeiten für den Aufstieg. Entweder bleiben wir auf der festen, geschotterten Forststraße oder wir folgen dem »Jackl«, dem Maskottchen des Brotjacklriegels und seinem Naturerlebnisweg. Dieser führt in Hörweite und meist rechts von der Forststraße auf einem einfachen Waldweg zum Gipfel. Für diese Variante, und wenn man sich bei jeder der zehn Infotafeln aufhält, muss man etwas mehr Zeit für die vor uns liegenden zwei Kilometer einrechnen. Schließlich schimmert uns durch das grüne Dach im weitläufigen Gipfelbereich ein weißes UFO entgegen. Könnte man meinen. Es ist nur eine Sendeanlage. Wenige Schritte daran vorbei haben wir dann aber unser Ziel erreicht. Über das Blätterdach hinaus hebt sich der Aussichtsturm. Nach der Aussicht bis zu den Hügelketten des Bayerischen Waldes und den Alpen können wir uns im Turmstüberl stärken. Die Stufen vom Turm wieder hinunter, biegen wir links ein und folgen dem »Turmweg«. Zunächst auf einem steindurchsetzten Waldweg erreichen wir schließlich die Skiwiesen und können unten schon das Feuerwehrhaus erkennen.

Infozentrum Isar

Wenn die Donau schon so nahe ist: Kurz vor Deggendorf mündet die Isar. Ein Infozentrum inmitten der einzigartigen Auenlandschaft macht in einem umfangreichen Außengelände und verschiedenen Rundwegen Flora und Fauna des Naturschutzgebietes erlebbar (www.infohaus-isarmuendung.de).

Oben: Schattenspiel am Brotjacklriegel

49 Entlang der Halser Ilzschleife

Wie eine Schlange in der Sonne

leicht | 4,3 km | 90 Hm | 1.15 Std.

Tourencharakter: Kurzer Anstieg bei der Burg, im Triftstollen Taschenlampe hilfreich.

Ausgangspunkt/Endpunkt: Parkplatz am Kiosk beim Hofbauerngut in Hals

Höchster Punkt: Am Burghügel (354 m)

Anfahrt: Auto: B12 ab Passau Richtung Salzweg, kurz vor dem Ortsende der Ilzleite nach Hals folgen. Bus & Bahn: Mit der Bahn nach Passau und weiter mit dem Bus (Linie 4, Hals–Hochstein).

Einkehr: Gasthof Zur Triftsperre, 0851/511 62, www.zur-triftsperre.de, ab 11:30 Uhr, Mo Ruhetag

Karte: Kompass, Bayerischer Wald, 1:50 000, Nr. 198, Karte 3

Informationen: Touristinfo Passau, Bahnhofstraße 28, 94032 Passau, 0851/95 59 80, touristinfo@passau.de, www.passau.de

So wie eine Schlange in der Sonne ruht, so windet sich die Ilzschleife um den Halser Burgfelsen. Kurz vor der Dreiflüssestadt Passau und der Mündung in die Donau plätschert der Fluss durch eine grüne Oase.

Vom Parkplatz kommend laufen wir am Hofbauerngut vorbei Richtung Hals und über das Stauwehr. Gleich danach biegen wir links in den Jägerweg, der unterhalb der Burgruine direkt am Wasser in die Ilzschleife führt. Das geteerte Stück haben wir bald hinter uns. Unter dem schattigen Blätterdach folgen wir dann dem Waldweg (Markierung 10), der zusehends an Höhe gewinnt. Der Ausblick wandert zwischen Ilz, die in einer weitgezogenen Schleife Richtung Donau einbiegt und dem Turm der Burg Reschenstein, der jenseits des Flusses aus dem Wald ragt. Wir kürzen die Schleife durch den Anstieg über den Burghügel ab. Danach geht es wieder hinunter zum Fluss, wo wir der Straße zunächst nach links folgen. Die Brücke an der Hochsteinstraße lassen wir rechts liegen, laufen danach auf einen Wendeplatz zu und folgen dem schmalen Schotterstreifen direkt am Ufer. Nach 50 Metern biegen wir rechts. Der Steg am Stockbauersteig endet am anderen Ufer spektakulär unter einem mächtigen Felssporn. Über ein paar Treppen steigen wir hinunter und folgen dem malerischen Weg, der in weitem Bogen dem Wasser folgt. Nach einem knappen Kilometer erreichen wir den Stollen, der durch den Berg zur Triftsperre führt. Die 115 Meter nehmen wir im Gänsemarsch.

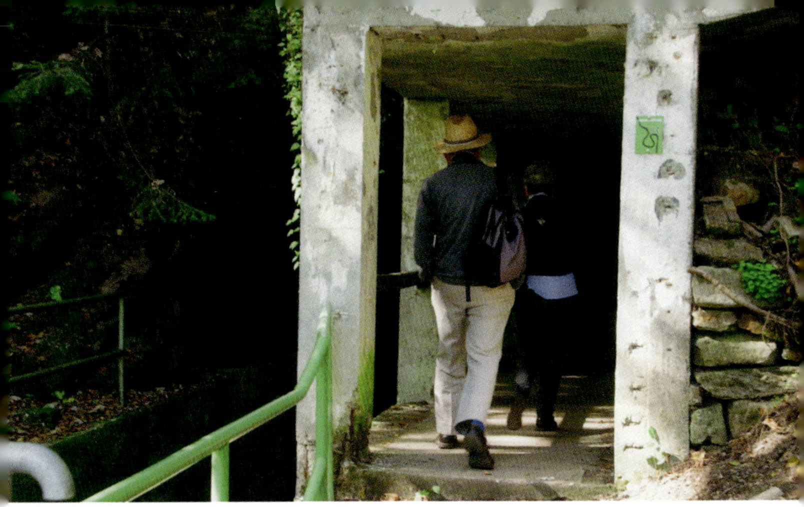

Der schmale Fußweg führt oberhalb des Kanals und ist durch ein Geländer gesichert. Eine Taschenlampe kann hier gute Dienst tun. Am Ende führen steile Stufen zur Triftsperre, über die wir den Abstecher zur gleichnamigen Einkehr am anderen Ufer machen. Schließlich folgen wir dem Weg (Markierung 11), der gleich nach dem Stollen links dem Ufer folgt. In einer gemütlichen Viertelstunde haben wir dann den Ausgangspunkt wieder erreicht.

Keine Angst, eher Vorfreude! Am Ende des Tunnels wartet der Gasthof »Zur Triftsperre«.

Trifttunnel

Spektakulärer Teil der Wanderung ist der 115 Meter lange Trifttunnel, der unterhalb der Burg Reschenstein den Felsen durchsticht. Durch den unbeleuchteten Stollen führen zwei Ebenen: der eigentliche Grund, durch den das Holz geschwemmt wurde und ein Weg, etwas oberhalb und mit einem Geländer gesichert. Eine Taschenlampe kann nicht schaden.

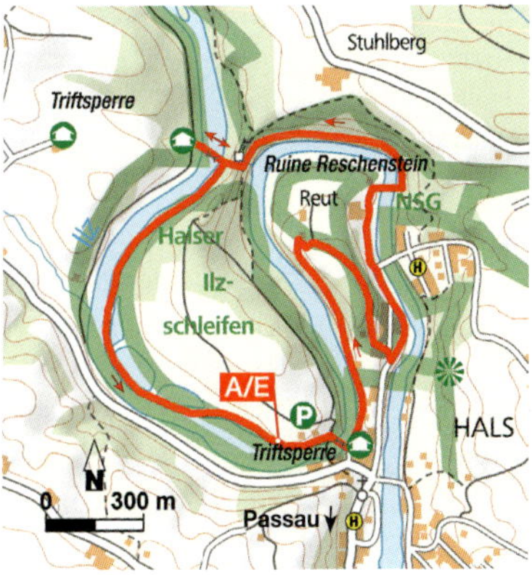

50 Durch das Erlautal

Schmankerl für Eisenbahnromantiker

mittel | 11 km | 260 Hm | 3.45 Std.

Tourencharakter: Für gehgewohnte Wanderer eine abwechslungsreiche Runde, Eisenbahnbaudenkmäler im Erlautal.

Ausgangspunkt/Endpunkt: Erlau, Parkplatz an der B388

Höchster Punkt: König-Max-Höhe (521 m)

Anfahrt: Auto: Ab Passau der B388 an der Donau folgen bis Erlau. Bus & Bahn: Mit der Bahn nach Passau und weiter mit dem Bus Richtung Breitenberg nach Erlau.

Einkehr: Gasthaus am König-Max-Stein in Wingersdorf, 08501/468; Gasthof Hotel zur Post in Erlau (gegenüber Parkplatz), 08591/914 90

Karte: Kompass, Bayerischer Wald, 1:50 000, Nr. 198, Karte 3

Informationen: Touristinfo Obernzell, Marktplatz 42, 94130 Obernzell, 08591/911 61 50, tourismus@obernzell.de, www.obernzell.de

Die König-Max-Höhe hoch über Erlau bietet ein Panorama über das Passauer Land bis hinter zum Dreisessel und dem Grenzkamm. Auf dem Rückweg durch das wildromantische Erlautal begegnen uns Baudenkmäler aus einer Zeit, als noch die Eisenbahn durch das Tal schnaufte.

Wir starten am Parkplatz unterhalb der Hauptstraße in Erlau, wo der gleichnamige Fluss in die Donau mündet. Wir überqueren die Hauptstraße, danach links die Erlau, um nach dem Fluss rechts dem Fußweg bergauf Richtung Waldrand zu folgen. Vor der letzten Häuserzeile biegen wir links ein und laufen am Fürstberg entlang bis zur Gabelung. Nach links geht es hinunter zur Landstraße, wir jedoch biegen nach rechts und steigen zunächst durch den Wald auf über Schörgendorf nach Wingersdorf. In der Ortsmitte biegen wir rechts und laufen hinauf zu König-Max-Höhe. Dort erwartet uns eine prächtige Aussicht bis zur tschechischen Grenze im Dreisesselgebiet. An der nächsten Gabelung zweigen wir rechts und laufen zunächst auf Schotter nach Kapfham. Bis dorthin genießen wir noch die Aussicht über die weitläufige Hügellandschaft. In Kapfham jedoch biegen wir bei der ersten Gelegenheit links in den Feldweg ein. Quer über die Wiese und im Schatten alleeartig stehender Obstbäume laufen wir hinunter zum Waldrand. Unter Bäumen geht es weiter Richtung Fattendorf. Kurz vor der Landstraße heißt es für uns, scharf rechts abzweigen und dem Weg ins Erlautal folgen. An der nächsten Gabelung links, später wieder links,

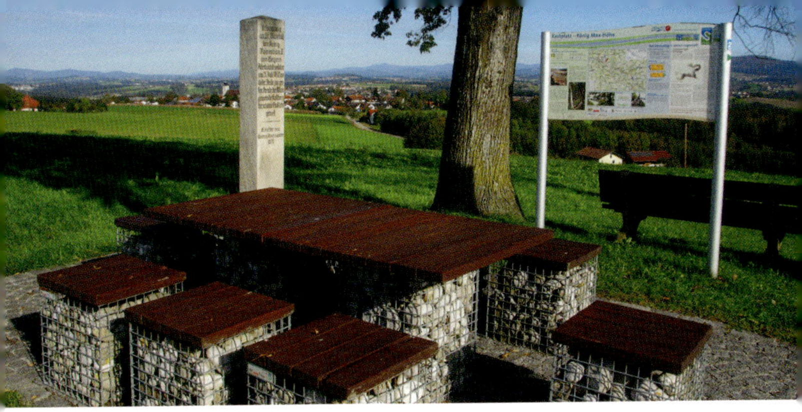

360 Grad Passauer Land: Ausblick von der König-Max-Höhe

biegen wir ein drittes Mal links ab, um den Schindelbach zu überqueren. Dort steigen wir über einige Stufen zur Landstraße und folgen ihr nach rechts zur anderen Talseite. Gegenüber einer Parkbucht zweigt unser Wanderweg rechts Richtung Bach hinunter. Ein Steg führt uns später zum rechten Ufer. Wenn wir die schmale Passage oberhalb des Wassers genommen haben, können wir uns bis Erlau wieder der wildromantischen Flusslandschaft, durch die einst die Eisenbahn schnaufte, widmen.

Ilztal

Hauzenberg ist bekannt für seine Granit- und Grafitvorkommen. Um 1900 kam man zu dem Schluss, für den Abtransport durch das Erlautal eine Eisenbahnstecke zu bauen. Später kam Personenverkehr dazu. Nicht zuletzt ein Felssturz in den 1960-er Jahren läutete das Ende der Srecke ein. Heute erinnern noch alte Brücken an diese Zeit. Wer jetzt ein ähnliches Erlebnis sucht, der fährt von Passau durch das idyllische Ilztal hinauf (www.ilztalbahn.eu).

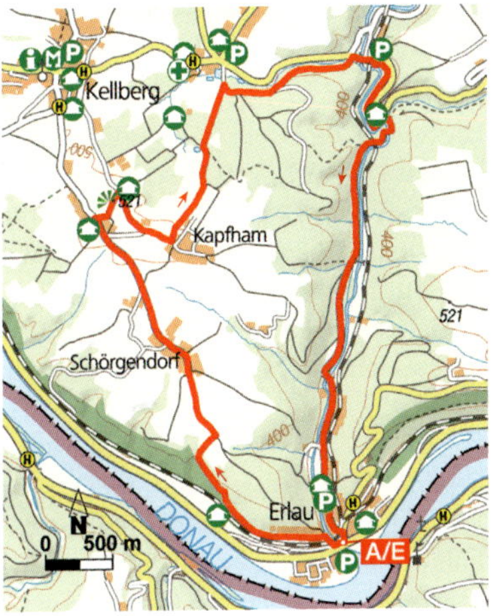

Register

Impressum

Verantwortlich: Miriam Gieler, Julia Vogl
Redaktion und Lektorat: Daniela Hansjakob
Layout: Eva-Maria Klaffenböck
Repro: Cromika/LUDWIG:media
Kartografie: Bruckmann Verlag GmbH, Heidi Schmalfuß
Herstellung: Alexander Knoll
Printed in Slovenia by Florjancic

★★★★★

Sind Sie mit diesem Titel zufrieden? Dann würden wir uns über Ihre Weiterempfehlung freuen. Erzählen Sie es im Freundeskreis, berichten Sie Ihrem Buchhändler, oder bewerten Sie bei Onlinekauf. Und wenn Sie Kritik, Korrekturen, Aktualisierungen haben, freuen wir uns über Ihre Nachricht an den J. Berg Verlag, Postfach 40 02 09, D-80702 München oder per E-Mail an lektorat@verlagshaus.de.

Unser komplettes Programm finden Sie unter www.j-berg-verlag.de

In diesem Buch wird aus Gründen der besseren Lesbarkeit das generische Maskulinum verwendet. Weibliche und anderweitige Geschlechteridentitäten sind dabei ausdrücklich mitgemeint, soweit es für die Aussage erforderlich ist.

Autorenempfehlung
Sie sind auf der Suche nach weiterführender Literatur? Dann empfehle ich Ihnen den Titel »Das Wanderbuch Bayerischer Wald« von Lisa und Wilfried Bahnmüller und Gottfried Eder. Oder Sie werfen einen Blick in die Zeitschrift »Bergsteiger«. Hier werden Sie bestimmt fündig.
Ihr Gottfried Eder

Bildnachweis: Alle Bilder stammen vom Autor mit folgenden Ausnahmen: S. 107 Touristinformation Waldkirchen, S. 127 Touristinformation Sankt Englmar, A. Piermeier

Umschlagvorderseite: Picknick mit Ausblick (Lisa und Wilfried Bahnmüller)
Umschlagrückseite: Brotzeit am Schwellhäusl

Die Deutsche Nationalbibliothek verzeichnet diese Publikation in der Deutschen Nationalbibliografie; detaillierte bibliografische Daten sind im Internet über http://dnb.d-nb.de abrufbar.

Aktualisierte Neuauflage

ISBN 978-3-86246-604-7